Martin Stes

Auf die Pfoten, fertig, los!

Amys Abenteuer

Mit Illustrationen von Lea Kandorfer

Für meine Schülerinnen und Schüler

Illustration: Lea Kandorfer
Covergestaltung: Martin Stesl, Lea Kandorfer

Druck und Vertrieb im Auftrag des Autors: Buchschmiede von Dataform Media GmbH, Wien
www.buchschmiede.at - Folge deinem Buchgefühl!

Besuche uns online

ISBN:
978-3-99139-639-0 (Paperback)
978-3-99152-736-7 (Hardcover)
978-3-99139-638-3 (E-Book)

PRINTED IN AUSTRIA

Intro

Miauz mau miau, mau miau mauz mau ... Oh, verflixt: falsche Sprache! Da stelle ich mich vor, erzähle meine halbe Lebensgeschichte und bemerke erst dann, dass dieses Buch nicht für Katzen geschrieben ist. Welche Katze würde auch auf die verrückte Idee kommen, ein Buch zu lesen? Aber ihr Menschen tickt da ein wenig anders. Und Katzisch versteht ihr bekanntlich auch nicht.

Verblüfft, dass ich deine Sprache kann? Ihr Menschen habt ja keine Ahnung! Ich verstehe deine Sprache nicht nur, ich kann natürlich auch fließend lesen, beherrsche das Vier-Pfoten-System perfekt und bin ein Grammatikchampion - da könnten sich einige von euch noch was abschauen! Und jetzt fragst du dich, warum Katzen dann so tun, als würden wir euch nicht verstehen? Ganz einfach: Wir sind schlau. Sehr schlau. Und weil wir so schlau sind, halten wir uns an einen uralten Katzenkodex, um unser angenehmes Leben als Stubentiger nicht zu gefährden. Nicht vorzustellen, was passieren würde, wenn unsere

Herrchen davon Wind bekämen: „Adieu“ geliebtes Faulenzen. „Good bye“ ihr Gratisleckereien. „Adios“ gechilltes Leben. Nie wieder etwas aufregendes Verbotenes machen und anschließend so tun können, als hätte man nicht gewusst, dass man es nicht tun darf. Vermutlich würde es keine zwei Tage dauern und die gestressten Erwachsenen würden uns diesen ganzen Luxus streichen. Womöglich würden sie sogar auf die verrückte Idee kommen, uns auch in eine dieser schrecklichen Schulen zu schicken. Ein haarsträubender Gedanke! Genau deswegen stellen wir uns lieber doof und danken unseren antiken Vorfahren in Ägypten für die Erfindung des Heiligen Katzenkodex. Diese Regeln ermöglichen uns immerhin seit über 2000 Jahren ein gemütliches Leben und sorgen nebenbei dafür, dass ihr Menschen euch für uns manchmal so richtig zum Affen macht. Nicht umsonst meinte der berühmte Kater Ramsos schon damals „miau miau mau schnurr“, was so viel wie „Sie müssen wirklich vom Affen abstammen“ bedeutet.

Für dich kann ich nur hoffen, dass du dieses Buch freiwillig liest und nicht – Katzenballen würg – für die SCHULE lesen musst. Falls doch: Es tut mir aufrichtig leid! Mir wird jedenfalls allein beim Gedanken an die Schule schon übel und ich frage mich wirklich, wie man seine Kinder dorthin schicken kann. Ihr Menschen seid halt manchmal eine seltsame Spezies, die man als Katze nicht immer versteht – besonders die Erwachsenen.

1. Als mich ein Neuling auf die Palme bringt

Tick, tack, tick, tack.

Ich liege verschlafen auf dem Fensterbrett unseres Wohnzimmers, beobachte seit einer halben Stunde unsere alte Standuhr und überlege. Das Pendel schwingt gemächlich hin und her.

Irgendetwas habe ich vergessen.

Mein kleiner Kopf arbeitet, während ich mit meiner langen Zunge über mein schwarz-braun getigertes, unheimlich flauschiges Winterfell schlecke.

Es hatte irgendetwas mit der Zeit zu tun.

Mein Magen knurrt. Halb acht.

Ob ich bereits meine Familie wecken sollte?

Ich zögere, denn es ist Sonntag und da haben sich Mama Marie, Papa Albert, Jamie und Sophie das

Ausschlafen redlich verdient. Immerhin müssen sie unter der Woche täglich in die S-C-H-U-L-E ...

Verflixt! Musste ich die Schule erwähnen? Tief durchatmen!

Ich spüre die wohlig angenehme Wärme des Heizkörpers und versuche zwanghaft, nicht an die Schule zu denken, als ich plötzlich aus den Gedanken gerissen werde: „Piep, piep, piep."

Was war das?

Von einem Moment zum anderen bin ich hellwach, richte mich auf und spitze meine Ohren. Ich lausche. Sekunden vergehen. Stille. Nach wie vor stehe ich wie angewurzelt da und starre in den leeren Raum.

Habe ich mir das eingebildet?

Ich will mich gerade wieder entspannen, da ertönen aus dem Vorhaus seltsame, leise Geräusche, die ich zuvor noch nie gehört habe.

Irgendetwas bewegt sich da draußen!

Mutig springe ich zu Boden und schleiche Richtung Vorraum. All meine Katzeninstinkte laufen auf Hochtouren, als ich im Türrahmen stehe und vorsichtig um die Ecke blicke.

Ach du heilige Katzenstreu, was ist denn das?!

Am Boden bewegt sich ein schwarzes, flaches UFO und fährt im Zickzack durch das Vorhaus, als wäre ihm schwindlig. Ich nähere mich langsam, beschnuppere das seltsame, leblos wirkende Teil und gebe ein leises Miauen von mir.

Keine Reaktion.

Igitt, das macht hier ja überall hin!

Der Boden hinter dem komischen Neuling ist total feucht.

Wenn das meine Familie sieht!

„Hey du, stopp! Du bist undicht! Die Toilette ist da lang!“, miaue ich ein wenig schockiert, aber hilfsbereit und deute mit dem Kopf in Richtung Badezimmer.

Wieder scheint mich das Wesen zu ignorieren, während meine im schwachen Licht grün leuchtenden Augen das Gefährt genau mustern.

Ist das ein Roboter?

Ich überlege und neige meinen Kopf zur Seite.

Ein ... Pipi-Roboter?

Ich blicke das schwarze Teil verdutzt an, laufe ihm nach und stelle mich ihm tapfer in den Weg: „Stopp, habe ich gesagt!“

Ich fauche aggressiver und tatsächlich bleibt das rundliche Ding wenige Zentimeter vor mir stehen.

Geht doch!

Gerade als ich Hoffnung schöpfe, dem neuen Mitbewohner Manieren beibringen zu können, setzt sich das Teil wieder in Bewegung, fährt um mich herum und pinkelt fröhlich weiter.

Ihhh! Wie eklig!

Rund um mich ist alles komplett nass und der Boden ist rutschig.

Jetzt reicht's! Ich muss etwas unternehmen!

Entschlossen, dem Treiben ein Ende zu setzen, springe ich auf das undichte Ding und attackiere es mit meinen

Vorderpfoten. Da erblicke ich einige Vertiefungen, die nachgeben, und freue mich über die entdeckte Schwachstelle.

„Ha, nimm das! Wer nicht hören will, muss fühlen", miaue ich und tapse dabei wild darauf herum.

„Piep, piep, piep", höre ich bereits nach wenigen Attacken, als das roboterähnliche Teil umkehrt und geradewegs auf das Ende des Vorraums zusteuert.

Na, hast du jetzt genug?!

Mein kleiner Kopf arbeitet, während ich aufgebracht auf dessen Rücken durchs Vorhaus fahre und den feuchten Boden betrachte.

Wie viel Pipi kann ein einzelnes Wesen in einem Zimmer verteilen?

Ich überlege gerade angeekelt, wie ich ohne Bodenberührung von hier verschwinden kann, als ich am Ende des Ganges ankomme. Dort bleibt das seltsame Gerät bei einer schwarzen Station mit der Aufschrift „Cleanmaster SX1000" stehen.

„Piep, piep, piep", ertönt es wieder, dann verstummt das verrückte Ding.

Gespannt warte ich einige Sekunden.

Na endlich!

Ich schüttle angesichts des gerade Erlebten ungläubig meinen Kopf und springe dann mit einem Satz auf die kleine Kommode, um den Boden nicht berühren zu müssen. Als ich mich umdrehe, leuchtet ein kleines, rotes Lämpchen am Fremden.

„Und dass du es gleich weißt: Das hier ist mein Revier

und dein Markieren bringt dir überhaupt nichts!", miaue ich mit Nachdruck in dessen Richtung.

Ich atme tief ein und wundere mich über den wirklich angenehmen Duft seines Pipis, behalte dieses Kompliment aber für mich und wende mich selbstbewusst ab.

Gerade, als ich wieder an meinen Hunger denke, erblicke ich auf der Kommode unseren bunt gestalteten Stehkalender.

Ha, es hatte nichts mit der Uhrzeit zu tun, sondern mit dem Datum!

Ich schaue auf den großen Wochenkalender, erblicke neben dem heutigen Datum meinen Namen und mir fällt ein, was ich vergessen habe: Heute ist mein Namenstag!

Seit Beginn der Woche habe ich schon auf diesen Tag gewartet und gehofft, dass er mir extragroße Mahlzeiten beschert, und dann vergesse ich doch glatt darauf.

Meine Laune verbessert sich schlagartig.

Ob meine Familie wohl weiß, dass ich heute Namenstag habe?

Sorgen, dass ich mich zu früh gefreut habe, durchströmen meinen Kopf. Ich neige ihn zur Seite und überlege.

Ach bestimmt – schließlich ist mein Name bei uns auch sonst immer Programm! Amy bedeutet nämlich „Geliebte" – und geliebt werde ich zuhause sehr.

Um kein Risiko einzugehen, dass meine Familie meinen Namenstag doch vergisst, schubse ich den Kalender zu Boden. Jetzt muss ihn jemand aufheben und dabei meinen Namenstag entdecken. Ausreden gibt es nun keine.

Ich springe von der Kommode, beschnuppere den nach Blumen duftenden, bereits getrockneten Boden und bezweifle schön langsam, dass es sich bei der Flüssigkeit tatsächlich um Pipi gehandelt hat. Mein Magen knurrt und da heute mein Namenstag ist, beschließe ich, meine Katzeneltern doch schon zu wecken.

Jetzt ist Frühstückszeit!

2. Als mir Sophie einen Strich durch die Rechnung macht

Ich schleiche auf meinen tiefschwarzen Samtpfoten über den Parkettboden des Schlafzimmers, als - wie jeden Morgen - das kleine Lämpchen neben der Schlafzimmertür angeht.

Weiß dieses dumme Licht nicht, dass man empfindliche Katzenaugen nicht blenden sollte?

Ich habe Tage meines Lebens damit verbracht herauszufinden, warum dieses Licht angeht, sobald man sich ihm nähert. Vergebens! Bei meiner Menschenfamilie kann ich es ja verstehen - die trampelt wie eine Elefantenherde durchs Haus! Aber bei mir? Als Expertin für lautloses Schleichen und Pirschen? Sei's drum - mittlerweile versuche ich einfach, nicht direkt hineinzusehen und die dumme Lichtquelle zu ignorieren.

Ich stehe vor dem riesigen Bett von Mama Marie und Papa Albert und überlege mir meine Strategie. Normalerweise komme ich am schnellsten an mein Futter, wenn ich keinen allzu großen Krach mache und nur einen der beiden wecke.

Also gut, Albert oder Marie?

Ich denke an die Chance auf eine extragroße Futterportion und entscheide mich für Mama Marie. Immerhin plant sie in unserer Familie die Geburtstage und hat immer alle Termine im Kopf – sie weiß also bestimmt über meinen Namenstag Bescheid.

Futtersicher mache ich mich für den Sprung auf das hohe Boxspringbett bereit. Hinterteil ganz tief auf den Boden, Ziel anvisieren, Beinmuskulatur anspannen und ... Schluchzen ... dann Schritte ... oder besser gesagt: Getrampel!

Oh nein, jetzt geht das Geheule wieder los!

Sophie, das jüngste Mitglied meiner Familie, befindet sich auf direktem Weg ins Schlafzimmer ihrer Eltern.

Verflixt, warum habe ich so getrödelt?

Ich breche den Sprung ab und checke meinen Fluchtweg.

Adieu, genialer Frühstücksplan!

Obwohl ich das kleine Mädchen mit seinen langen, braunen Haaren eigentlich sehr gerne habe, ärgere ich mich gerade über das Kind. Oder eigentlich: über die Schule! Sophie hatte diesen Sommer nämlich ihren sechsten Geburtstag und muss deswegen seit zwei Monaten täglich in die Volksschule, in der Mama Marie als Lehrerin arbeitet. Und seitdem hat sie immer wieder Albträume.

Ob das Zufall ist?

Ich denke an Jamies Erzählungen über die schwierigen Aufgaben und Prüfungen, komme zum Schluss, dass die Schule an allem schuld ist, und danke dem Heiligen Katzenkodex, dass ich nicht dorthin muss. Dann versuche ich, den Gedanken an diesen schrecklichen Ort abzuschütteln.

Da das Mädchen jeden Moment ins Zimmer stürmen wird, trete ich genervt die Flucht an. So ein Geschrei am frühen Morgen ist für empfindliche Katzenohren einfach viel zu viel!

Etwas zornig und sehr hungrig betrete ich die Küche mit knurrendem Magen und verdränge den Gedanken an die Schule mit Tagträumen über riesige Katzenfutterhaufen. Als ich mich umsehe, erblicke ich meinen Futternapf und erinnere mich, dass darin noch ein wenig Trockenfutter vom Vortag liegen müsste. Sekunden später stehe ich vor meiner kleinen, weißen Schüssel mit roten Herzen darauf.

Igitt!

Die Lust aufs Essen vergeht mir bereits beim ersten Anblick.

Da kreist ja eine Fliege drum herum!

Angewidert verzichte ich vorerst auf mein Frühstück und bedecke den Napf mit der darunterliegenden Plastikmatte. Das ist immerhin ein klares Zeichen dafür, dass dieses Futter nicht frisch ist und unter keinen Umständen mehr gefressen wird.

Ich überlege angestrengt: „Vielleicht kann ich später auf die Ich-bin-so-arm-ihr-habt-auf-mich-vergessen-Tour neben meiner extra Namenstagsportion noch eine kleine extra Extraportion rausschlagen?“

Meine Laune verbessert sich wieder, während ich mich vom Futternapf abwende.

Ist auf jeden Fall die bessere Methode, als bei diesen bitterkalten Temperaturen draußen nach Futter zu suchen.

Ich bin mir zwar dessen bewusst, dass ich sowieso niemals draußen nach Futter suchen würde, akzeptiere meine erfundene Ausrede mit den eisigen Verhältnissen aber dennoch. Anschließend lege ich mich auf das Küchenfensterbrett und beobachte während des Wartens die Schneeflocken in unserem mit Lichterketten hell erleuchteten Vorgarten. Es hat nämlich gerade angefangen zu schneien.

3. Als ich am Hungertuch nage

„Amy!“, begrüßt mich Jamie mit einem herzlichen Lachen.

Ich öffne meine Augen und sehe zum Jungen.

Bin ich mit diesem Loch im Bauch tatsächlich noch einmal eingeschlafen? Das muss die hypnotisierende Wirkung der langsam fallenden Schneeflocken gewesen sein!

Ich gähne ungläubig und blicke aus dem Fenster. Mein Magen knurrt noch immer. Mittlerweile ist draußen alles weiß.

Wow, sieht echt schön aus!

Ich habe zwar schon einmal Schnee gesehen, allerdings könnte ich mich nicht daran erinnern, dass dieser auf der Erde liegengeblieben wäre. Wie es sich wohl anfühlt, wenn man darauf spazieren geht? Er sieht auf jeden Fall sehr flauschig aus - aber zunächst muss gefrühstückt werden!

„Komm, wir bauen einen Schneemann!“, ruft Jamie mir mindestens genauso laut wie vorhin meinen Namen zu, obwohl er mittlerweile nicht einmal mehr einen Meter von mir entfernt ist.

Nanu, was hat der denn an?

Jamie steht mit Skianzug, Wollmütze, dicken Handschuhen und Winterstiefeln vor mir und deutet mit den Fäustlingen nach draußen.

Hat er jetzt wirklich vor, noch vor dem Frühstück rauszugehen?

Ich hebe meinen Kopf und versuche, ein besonders mitleiderregendes Miauen von mir zu geben, doch in diesem Moment nimmt Jamie mich bereits hoch und marschiert schnurstracks Richtung Haustür.

Mann oh Mann, da habe ich mir ja einen prima Tag ausgesucht, um meine Familie vorzustellen! Elf Uhr und ich habe noch nichts zu fressen bekommen. Und jetzt werde ich auch noch in die Kälte hinausgezerrt! Wenn das so weitergeht, werde ich noch verhungern. Schließlich bin ich feste Fütterungszeiten gewöhnt und meine letzte richtige Mahlzeit ist gefühlt schon ewig her. Also, falls du in einer Stunde noch nichts von mir gehört hast, zögere bitte nicht, den Tierschutz zu alarmieren und eine verhungernde Katze zu melden!

4. Als der Stein ins Rollen kommt

Halt, stopp, bitte nicht beim Tierschutz anrufen - Entwarnung! Sorry für die Panikmache, aber wenn es ums Futtern geht, neige ich dazu, ein wenig zu übertreiben. Jamie ist zum Glück ein schlaues Kerlchen und hat mein klägliches Miauen beim Hinausgehen doch noch richtig gedeutet und mir Frühstück gemacht. Und da er im Vorhaus den Kalender aufgehoben und dabei meinen Namenstag entdeckt hat, hat er mir natürlich gratuliert und eine extragroße Portion mit Leckerlis als Topping gerichtet.

Er ist nicht umsonst mein Lieblingsherrchen!

Ich lasse mir mein Futter schmecken und zweifle, ob das Wort „Herrchen" für ihn überhaupt passend ist. Immerhin ist der Junge gerade einmal elf Jahre alt und somit genaugenommen sogar jünger als ich. Rechnet man meine Katzenjahre in Menschenjahre um, bin ich nämlich schon ein richtiger Teenager. Also ist er wohl eher mein Jungchen!

Gedankenversunken überlege ich, ob sich diese Bezeichnung als Begriff für einen jungen Besitzer eines Haustieres durchsetzen könnte, und mampfe nebenbei mein Frühstück.

Als ich aufgefressen habe, springe ich aufs Fensterbrett im Wohnzimmer und beobachte, wie der schlaksige Blondschopf im Garten herumtollt. Mittlerweile hat es aufgehört zu schneien und von Zeit zu Zeit blinzelt sogar die Sonne durch die Wolken.

Ob der Schnee ein gemütliches Plätzchen für ein Nickerchen wäre?

Die weiße Pracht erinnert mich an die weiche Wattefüllung eines Polsters, den ich vor Kurzem „versehentlich" zerstört habe, also entscheide ich mich dafür, Jamie nach draußen zu folgen. Im Haus wird es mir jetzt ohnehin zu bunt, denn Marie kocht sonntags immer groß auf und beansprucht dabei die ganze Küche für sich. Da klingelt dann die Eieruhr hier, die Mikrowelle da, die Töpfe zischen und der Dunstabzug gibt ein ohrenbetäubendes Geräusch von sich. Außerdem hat Marie diese doofe „Katzen-dürfen-kein-Menschenessen-fressen-Regel", sodass sich die himmlischen Kochdüfte für mich bereits nach kürzester Zeit zu Höllenqualen entwickeln.

Mit vollem Bauch schlendere ich los und treffe auf dem Weg Papa Albert im Morgenmantel, der gerade mit dem seltsamen Pipi-Roboter kämpft und vor sich hinmurmelt, warum dieser nur die Hälfte des Erdgeschosses gewischt habe. Ich mache ein erstauntes Gesicht, lache innerlich über meine falsche Annahme und verstehe nun die Funktion unseres neuen Mitbewohners.

Dass ich so ein Gerät noch nie in der Fernsehwerbung gesehen habe? Man lernt eben nie aus!

Ich schlüpfe durch meine Katzenklappe und betrete die überdachte Terrasse. Der Boden ist komplett vereist, sodass ich die Kälte trotz meiner dicken Fettschicht in meinen Pfoten spüre. Ich atme aus und erzeuge dabei eine weiße Rauchwolke, die mich an Opa Heinz' Besuche erinnert, wenn er im Garten seine Pfeife raucht. Dann gehe ich ein paar Schritte und halte am Ende der schneefreien Terrasse an.

Puh, ist das kalt hier draußen!

Jamie scheint die Kälte nichts anzuhaben. Er rennt den Garten auf und ab und rollt dabei Schneekugeln vor sich her. Eine davon ist bereits so groß, dass er kaum mehr vorankommt.

„Komm schon, Amy, hilf mir!", ruft der Junge und fällt dabei vor Lachen in den Schnee, als er mich erblickt.

Am liebsten würde ich jetzt auch lautstark zu lachen beginnen, so lustig sieht der Bub im Moment aus, schaue ihn stattdessen jedoch katzentypisch verdutzt an. Sein ganzer Anzug ist voll mit Schnee, die heruntergerutschte Mütze bedeckt eines seiner Augen und seine süßen, roten Wangen leuchten wie eine Ampel.

„Nun komm endlich, oder hast du etwa Angst vor Schnee?", kichert Jamie weiter und richtet sich währenddessen wieder auf.

Ich? Angst? Ähm ... nein, sicher nicht ... Aber ein wenig Vorsicht hat bestimmt noch niemandem geschadet!

Langsam bewege ich mich in Jamies Richtung – vor mir eine Wand aus Schnee. Ich setze zu einem kleinen Sprung an, springe ab und bereite mich auf eine katzentypisch perfekte, weiche Landung vor.

Patsch!

Was soll das denn?!

Weich war die Landung, sehr weich sogar, aber mit perfekt hatte sie nichts zu tun! Völlig unerwartet stehe ich hüfttief im Schnee und blicke verdutzt um mich.

Also das habe ich mir anders vorgestellt!

Das Laufen auf Schnee ist schon seltsam und darauf ein Nickerchen zu machen, will ich mir gar nicht mehr ausmalen. Er ist kalt, feucht, äußerst nachgiebig und schmilzt unter meinen Pfoten dahin.

„Dein erstes Mal, dass du auf Schnee läufst?“, lächelt der in diesem Moment fiese Bub. „Na komm, ich helfe dir!“

Jamie nähert sich, hebt mich in seinem klatschnassen Skianzug hoch und setzt mich kurz darauf auf den Kopf einer menschenähnlichen Gestalt aus Schnee.

„Das ist ein Schneemann!“, klärt mich der Junge auf, „den habe ich gebaut. Und das wird eine Schneefrau“, erklärt er stolz weiter, während er mit seinen dicken Fäustlingen auf die große Schneekugel am Boden deutet.

Aha.

Ich finde das alles zwar interessant, allerdings fühle ich

mich auf dem wackeligen Kopf dieses Schneemenschen nicht gerade sicher.

Aber was ist das?

Ich mustere die interessante, orange Nase dieses Geschöpfs.

Ist das etwa Futter?

Ich lehne mich in die Richtung seiner spitzen Nase und versuche, daran zu schnuppern, um meine Vermutung zu bestätigen.

Ahhhhh!!!

Nach nur einem Schritt geht es für mich bereits im Sturzflug nach unten, sodass ich in Jamies Armen lande.

So ein Schneemannskopf bietet wirklich keinen besonders guten Halt. Zum Glück hat Jamie mich gefangen, sonst würde ich jetzt mit Sicherheit am ganzen Körper voller Schnee ... WUMMS!

Alarm! Hilfe!

Ich kralle mich fest in Jamies Skianzug, klettere auf seinen Rücken und schüttle etwas benommen meinen mit Schnee bedeckten Kopf. Irgendetwas hat mich gerade voll getroffen und mich mit Schnee eingesaut.

„Du Spinner!“, schreit Jamie laut.

Meine Ohren beginnen trotz des vielen Schnees darin so zu klingeln, dass ich mir für einen Moment nicht mehr sicher bin, ob ich schon Weihnachtsglöckchen höre.

„Du hast meine Katze mit deinem Schneeball getroffen, das wirst du büßen!“

Ich springe zu Boden, kämpfe mich durch den bereits von Jamie niedergetrampelten Schnee in Richtung

Terrasse und beobachte das Geschehen aufgeregt. Jamie läuft schnurstracks Richtung Grundstücksgrenze, klettert über den niedrigen Gartenzaun und stößt den Nachbarsjungen Noah zu Boden. Die beiden wälzen sich im Schnee und es fallen einige nicht sonderlich nette Worte.

Oh Mann, was soll ich tun?

„Jamie, hör sofort auf damit!“, brüllt plötzlich Papa Albert, der die ganze Situation vom Haus aus beobachtet haben muss und soeben im Morgenmantel an mir vorbeirennt.

Noah gelingt es, sich loszureißen und zur eigenen Haustür zu laufen, doch Jamie reagiert blitzschnell und wirft ihm einige Schneebälle nach. Der Junge kann zwar einiges gut, doch im Zielen benötigt er definitiv noch Übung, denn die Schneebälle verfehlen ihr Ziel deutlich.

„Pack“, klatscht der erste gegen die Fensterscheibe des Nachbarhauses und beginnt langsam hinunterzugleiten. „Klirr“, ertönt es, nachdem das zweite Geschoss eine kleine, schöne Steinfigur in Form einer Katze von dem Geländer auf den Terrassenboden befördert hat.

Oh je, ich mochte diese Statue!

„Du bist wohl verrückt, du kommst sofort mit ins Haus!“, höre ich Jamies Vater aus der Ferne in zornigem Ton zischen, während er seinen Jungen beim Anzug packt.

„Aber Dad, er hat ...“ Jamie versucht, sich zu rechtfertigen, wird allerdings von Noahs schluchzendem Geschrei unterbrochen: „Das erzähle ich meinem Vater!“

Albert wirft unserem Erstklässlernachbarn, der noch

halb in der Tür steht, einen bösen Blick zu: „Du gehst besser auch rein!“

Dann stapfen er und sein Sohn Richtung Terrasse.

Oh je, armer Jamie, er wollte mich doch nur verteidigen.

Irgendwie habe ich ein schlechtes Gewissen und begebe mich rasch ins Haus.

Die Stimmung ist den restlichen Tag für einen Sonntag mies. Jamie musste sich drinnen eine heftige Standpauke von seinem Vater anhören und ich verstecke mich vorerst einmal in meinem Lieblingsversteck, den Schachteln unter der Treppe. Die stehen hier schon seit Monaten, aber mir soll es recht sein. Die Löcher zum Tragen bieten nämlich den perfekten Einstieg für eine Katze und darin habe ich meine ungestörte Ruhe. Münzsammlungen, alte Kameras sowie Briefmarkenalben scheinen wohl nicht gerade zu dem zu gehören, was eine Menschenfamilie zum Leben unbedingt auspacken muss.

Gegen Abend bekomme ich mein Nachtmahl von Mama Marie, obwohl ich es für gewöhnlich immer von Jamie erhalte. Der Junge hat sich sofort nach dem Hineingehen in seinem Zimmer verkrochen und es den übrigen Tag kaum mehr verlassen. Ich schmatze vor mich hin und hoffe, dass sich die Situation bald bessert, denn irgendwie fühle ich mich für den Schlamassel verantwortlich.

Wäre ich doch bloß nicht aus dem Haus gegangen!

5. Als Jamie mich links liegen lässt

„Tititie, tititie, tititie.“

Neuer Tag, neues Glück?

Wie jeden Wochentag läutet der Wecker in Maries und Alberts Zimmer pünktlich um halb sieben morgens. Jetzt beginnt normalerweise ein lustiges Treiben, das manchmal comedyreif ist.

Albert steht auf, schaltet die Kaffeemaschine ein und richtet mir überraschenderweise sofort mein Frühstück. Für gewöhnlich versucht er seit ein paar Wochen, mir das Holen der Zeitung schmackhaft zu machen, indem er mir Futter als Belohnung verspricht.

Ob er manchmal vor Müdigkeit glaubt, dass ich ein Hund bin?

Jedenfalls versuche ich, diese lächerlichen Spielchen einfach zu ignorieren, denn nach kurzer Zeit gibt er sowieso stets nach und richtet mir mein Frühstück an. Eine Portion Nassfutter und ein bisschen Trockenfutter sorgen dabei für einen optimalen Start in meinen Tag.

Albert holt die Zeitung ins Haus und legt sie auf den Esstisch. Anschließend weckt er seine Kinder.

„Aufstehen!“, ruft er mit verschlafener Stimme ziemlich befehlerisch hoch ins Kinderzimmer, während er die Zeitung aufschlägt.

Mann, hat der heute miese Laune.

Normalerweise weckt er seine Sprösslinge immer mit viel Humor. Manchmal schleichen wir uns sogar an und erschrecken Jamie und Sophie ein wenig. Dann wird immer so lange gelacht, bis Mama Marie die Kids ins Bad schickt. Aber heute scheint von Alberts guter Laune wohl alles im Bett liegengeblieben zu sein.

Ob das etwas mit dem Vorfall von gestern zu tun hat?

Ich schleiche ins Treppenhaus und beobachte die Kinderzimmertür. Wenige Sekunden später läuft Sophie schon auf den Flur und erzeugt mit ihrem Getrampel fast ein Erdbeben. Jamie braucht fürs Aufstehen immer etwas länger, aber heute betritt er bereits nach nicht einmal einer Minute das Bad und zieht sich kurz darauf bereits an. Mama Marie trinkt in der Zwischenzeit schon ihren ersten Kaffee, richtet das Frühstück und schmiert nebenbei Pausenbrote für die Kinder, bis sich alle am Esstisch versammeln.

Ich beobachte die Familie während des Frühstücks von meinem Kratzbaum im Wohnzimmer. Von dem gewöhnlichen Spaß und der guten Laune ist heute wenig zu sehen. Vor allem Jamie wirkt geknickt.

Als Albert und Sophie das Esszimmer in Richtung Badezimmer verlassen, springe ich auf den leeren Stuhl neben Jamie, um mir den Jungen einmal genauer anzuschauen.

„Miau“, versuche ich ihn ein wenig aufzumuntern, aber der Bub zeigt keine Reaktion.

Normalerweise würde er sich sofort zu mir beugen und wir würden unsere Köpfe zur Begrüßung aneinanderreiben – das ist sonst so unser Ding.

Hat er vielleicht noch Schnee von gestern in den Ohren?

„Miau!“, gebe ich mir erneut und dieses Mal lauter Mühe.

„Was willst du denn?“ Jamie blickt genervt in meine Richtung: „Wegen dir zwingt mich Papa, mich heute beim Direktor zu melden und mich bei ihm und seinem dummen Sohn zu entschuldigen. Lass mich in Ruhe!“

Der Bub wendet sich zornig ab und isst den letzten Bissen seines Frühstücksbrots.

„Ach Jamie, stell dich nicht so an! Du hast eine schöne Statue zerstört und dem Jungen ein blaues Auge verpasst“, wirft Mama Marie in den Raum. „Es wird nicht zu viel verlangt sein, wenn du dich wenigstens entschuldigst. Außerdem kennst du Herrn Direktor Kircher und weißt, dass dein Vater den Job braucht. Es ist also nicht klug, negativ aufzufallen“, erklärt Marie ihrem Sohn die Situation vorwurfsvoll.

Albert arbeitet seit Oktober auf Probe als Schulwart an dem Gymnasium, in dem Jamie die zweite Klasse besucht und unser grimmiger Nachbar den Direktorposten innehat. Und der angesprochene Sohn des Direktors ist unser nervender Nachbarsjunge Noah, der gestern Nachmittag mit Sicherheit alles gepetzt hat, bevor Albert dort die Scherben aufgeräumt und mit Herrn Kircher diskutiert hat.

„Schlechte Erziehung“, „kaputte Statue“ und „eine Frechheit“ waren Wortbrocken des Direktors, die ich vom Küchenfenster aus mitbekommen habe.

Ich habe die Katzenfigur zwar auch toll gefunden, aber dass man deswegen so einen Aufstand machen muss? Wie so oft macht Herr Kircher offensichtlich aus einer Mücke einen Elefanten.

Jamie steht wortlos auf, schnappt sich seine Jacke und Schultasche, schlüpft in seine Stiefel und steuert geradewegs auf die Haustür zu.

„Wo willst du hin?“, fragt Mama Marie erstaunt, „du kannst heute mit Dad mitfahren.“

„Ich nehme lieber den Bus“, erwidert Jamie grimmig und stürmt aus dem Haus.

Mann oh Mann, der Tag startet ja gut.

Betrübt verlasse ich das Esszimmer, steige die Treppen hoch und kuschle mich in Jamies ungemachtes Bett. Noch nie zuvor hat sich der Junge mir gegenüber so verhalten. Ich denke an Jamie, wie er gerade auf dem Weg in seine

Schule ist, und male mir die Gedanken des sonst eigentlich immer braven Schülers aus. Dabei überkommt mich ein mehr als mulmiges Gefühl und ich komme zum Schluss, dass an allem wieder einmal die Schule schuld ist.

„Ohne die Verbindung zur Schule wäre der Vorfall nicht einmal halb so schlimm“, rede ich mir ein, bevor ich traurig einschlafe.

6. Als ich im falschen Film bin

„Sieben mal sieben? 36 durch drei? 18 zum Quadrat?“

Um Himmelswillen, Mathe!

Wie eine leblose Katzenstatue stehe ich in einem dunklen Klassenraum an der Tafel und werde von unzähligen Katzenaugen beobachtet. In mir staut sich ein unbeschreiblich ungutes Gefühl und ich will davonlaufen, aber meine Beine bewegen sich keinen Millimeter. Gruselige Augen, die das schwache Licht am vordersten Tisch reflektieren und dadurch so aussehen, als würden sie mich durchbohren wollen, starren wie versteinert in meine

Richtung. Darunter verpassen mir grässliche Fratzen, eine grauenhafter als die andere, einen Anflug von Panik.

„Na, wieder einmal unvorbereitet im Unterricht, Amy? Das wird Zusatzaufgaben geben!“, grinst ein alter, zerzauster Katerprofessor böse, während er sich auf mich zubewegt.

Mein Herz pocht wie verrückt und ich merke, wie ich zu schwitzen beginne, obwohl ich bis zum heutigen Tag davon überzeugt war, dass Katzen nicht schwitzen können.

„Lauf Amy, lauf!“, versuche ich meine Beine zu motivieren, aber vergeblich.

Der furchteinflößende Alte nähert sich immer weiter und mustert mich mit seinen gelben Augen, als wäre ich seine Beute: „Du weißt, was mit Dummköpfen wie dir passiert?“

Im Klassenraum wird es plötzlich ganz still.

Ahnungslos blicke ich verängstigt in die Fratze des Alten: „Ich will es nicht wissen. Ich will nur nach Hause!“

„Chhhhh“, faucht der fiese Kater und hebt seine große Pfote.

Ich schließe meine Augen, senke den Kopf und bereite mich auf das Schlimmste vor, doch plötzlich wird es hell und als ich die Augen wieder öffne, bricht im gesamten Klassenraum tosendes Gelächter aus.

„Hahahaha, seht euch mal diese Pfeife an!“, höre ich es von den hinteren Bänken, „die hat ja eine Hose an!“

Ich blicke zu meinen Beinen und bemerke enge, schwarz-weiß gestreifte Leggings, die mir von meinen Hinterpfoten bis zum Bauch reichen.

„Die Katze ist reif für den Zirkus", ertönt es einige Reihen weiter vorne.

Peinlich berührt drehe ich meinen Kopf zur Tafel und gebe mir größte Mühe, mich irgendwie zu verstecken. Unter immer lauter werdendem Lachen erlange ich endlich wieder Kontrolle über Teile meines Körpers. Ich versuche, die lächerliche Hose abzustreifen, und stelle mich dabei so ungeschickt an, dass das Gelächter unvorstellbare Ausmaße annimmt.

„Ahh!"

Als ich kurz aufsehe, erblicke ich anstatt des alten Katers plötzlich Herrn Kircher und erschrecke dabei so sehr, dass ich das Gleichgewicht verliere. Sekundenbruchteile später stolpere ich in der halb ausgezogenen Hose, kippe um und stoße mir im Fallen den Kopf an der Tafel: „Peng!"

Alles wird schwarz.

Als ich zu mir komme, bin ich plötzlich wieder in Jamies Zimmer und liege mit weit aufgerissenen Augen am harten Boden auf dem Rücken. Mein Herz rast und ich atme wie eine Antilope, die gerade von einem Rudel Löwen gejagt wurde. Zwischen meinen Ohren verspüre ich einen dumpfen Schmerz. Mein Schädel brummt.

Bin ich etwa mit dem Kopf auf den Boden gekracht?

Schmerzerfüllt drehe ich mich um, blicke alarmbereit in alle Richtungen und verstehe langsam, was geschehen ist.

„Es war nur ein Traum", miaue ich leise vor mich hin.

Ich schließe zur Beruhigung die Augen, reiße sie

jedoch sofort wieder auf, als ich plötzlich ein Bild des gruseligen Katerprofessors vor mir sehe. Einige Momente mit weit geöffneten Augen und rasendem Puls vergehen.

„Es war nur ein Traum. Es war nur ein schrecklicher Albtraum!“, versuche ich mich selbst zu beruhigen.

Immer wieder wiederhole ich zittrig dieselben Worte.

Nach ein paar Minuten richte ich mich noch ein wenig wackelig auf den Beinen auf und torkle Richtung Küche.

Ich brauche jetzt unbedingt eine Stärkung! Bitte habt noch ein wenig Futter in meinen Napf gegeben, bevor ihr losgefahren seid!

Ich bete zu den Katzengöttern und werde erhört. In meiner kleinen Futterschüssel befindet sich ein bisschen Trockenfutter, dass ich sofort als Nervennahrung verspeise.

Mann, was für ein traumatisches Erlebnis!

Als ich aufgefressen habe, geht es mir wieder besser.

Und jetzt?

Ich sitze in der Küche und blicke auf die Uhr.

Erst halb neun.

Normalerweise würde ich jetzt mindestens noch zwei Stunden weiterschlafen, aber das kommt bei meinen derzeitigen Albtraumgedanken nicht in Frage! Ich springe also auf meinen Kratzbaum, blicke aus dem Fenster und hoffe, dass bald jemand nach Hause kommt.

7. Als der Postbote einen Vogel hat

Im ganzen Haus ist es still, da alle Familienmitglieder in der Schule sind.

Äh ... Schule. Habe ich schon erwähnt, dass mir dieser Ort nicht geheuer ist?

Seit ich bei meiner Familie angekommen bin, höre ich nicht viel Gutes darüber. Vor allem Jamies Schule mit diesem immer grimmigen Nachbarn als Direktor erzeugt bei mir eine grauenhafte Vorstellung von diesen Gebäuden. Der fiese Kerl bauscht jede Kleinigkeit unnötig auf, sodass kein Schultag vergeht, an dem sich Jamie nicht über diesen nervenden „T-Rex" beschwert.

Ich überlege, ob Jamie der Spitzname eingefallen ist, weil Herr Kircher schon ziemlich alt ist oder weil er so angsteinflößend aussieht, als ich Mitleid mit dem Jungen bekomme. Herr Kircher quält die Kinder in Jamies Klasse nämlich nicht nur als Direktor, sondern auch als deren Mathematiklehrer.

Brrr.

Mich schüttelt es am ganzen Körper, als ich an meinen Albtraum denke. Und Jamie muss diesen Kerl jeden Tag in Wirklichkeit erleben! Wer kann mir da meine Abneigung gegenüber Schulen verübeln?

Ich springe von meinem Kratzbaum und blicke in meinen leeren Futternapf.

Ob Albert sich als Schulwart beworben hat, um mein neues Katzenfutter bezahlen zu können?

Wirre Gedanken durchströmen meinen kleinen Kopf. Immerhin war Albert seit meiner Ankunft bei der Familie auf Arbeitssuche und die Qualität meines Futters hat sich seit seiner Anstellung deutlich verbessert.

Schon das zweite Mal in diesen Tagen bekomme ich ein schlechtes Gewissen, als ich daran denke, wie grauenhaft Herr Kircher als Chef sein muss.

Ich schleiche ins Wohnzimmer und betrachte das Haus der Kirchers durchs Fenster.

Wie kann man als Mensch mit einem gut bezahlten Direktorposten, einer Traumvilla, einem Sportwagen und einem wunderschönen Garten so mürrisch in den Tag hineinleben?

Gedankenversunken starre ich in die Ferne und warte auf meine Familie.

Plötzlich klingelt es an der Tür und ich erschrecke

heftig, da mich die Ähnlichkeit zu einer Schulglocke für wenige Augenblicke wieder an meinen Albtraum zurückerinnert. Ich sprinte ins Vorhaus, blicke aus dem kleinen Fenster und erkenne einen großen, gelben Postwagen in der Einfahrt.

Mmh!

Sofort muss ich automatisch an köstliche Leckereien denken, denn seit ein paar Monaten wird mein neues Futter inklusive Leckerlis stets mit der Post geliefert. Meine Laune verbessert sich schlagartig, als ich aufgeregt loslaufe und wild mit dem Schwanz wedle. Gespannt gucke ich durch die Glaselemente unserer Haustür. Draußen steht nicht wie gewöhnlich der Postbote Tom, der immer zu einem kurzen Tratsch aufgelegt ist, sondern ein junger Mann mit schwarzem, ungepflegtem, gekräuseltem Haar.

Ob der eine Futterlieferung für mich dabeihat?

Ich strecke meinen Kopf und suche vergebens das Paket, in dem sich meine Leckereien befinden könnten.

Hä? Hat der überhaupt ein Paket dabei?

Ich springe auf den Schuhschrank, um besser nach draußen blicken zu können und tatsächlich bestätigt sich meine Vermutung. Der seltsame Kerl steht im typisch schwarz-gelben Postoutfit ohne Karton vor der Haustür und schaut gestresst in alle Richtungen.

„Alles klar, keiner zu Hause. Over“, murmelt er plötzlich leise.

Mit wem redet der Kerl?

Weit und breit ist kein anderer Mensch zu sehen. Ich beobachte, wie er sich von der Haustür wegbewegt, laufe schnell in dieselbe Richtung und erblicke ihn wenige Sekunden später am Wohnzimmerfenster.

„Korrigiere, eine Katze ist im Haus, over", höre ich ihn schmunzelnd offensichtlich Selbstgespräche führen.

Der ist verrückt!

Ich schaue ihn verdutzt durch die Glasscheibe an.

„Mach keinen Blödsinn! Schieß die Fotos, dreh die Kamera und komm zurück in den Wagen!", ertönt plötzlich eine zweite, etwas metallisch klingende Stimme. „Und hör mit diesem lächerlichen ‚Over' auf!"

Verwirrt neige ich meinen Kopf zur Seite, als der junge Mann sein Smartphone zückt und es direkt auf unser Fenster hält.

„Keine Fotos!", miaue ich, als meine empfindlichen Augen nur Sekundenbruchteile später von einem grässlichen Blitz getroffen werden.

Ich torkle in meine Katzenhöhle, die sich direkt neben der Couch befindet, und merke, wie es bei anderen Fenstern noch ein paar Mal blitzt. Wenige Momente später höre ich quietschende Reifen in der Einfahrt.

Was zum heiligen Kater sollte das denn?!

Ich krieche aus meinem Versteck und schön langsam verschwinden die Lichtpunkte, die ich wegen des hellen Blitzes sehe. Völlig ratlos renne ich ins Vorhaus, springe abermals auf den Schuhschrank und beobachte in der Ferne den davonfahrenden, gelben Postwagen.

Was für ein verrückter Vormittag!

8. Als ich dem Nachbarn einen Denkzettel verpasse

Seit Stunden liege ich jetzt bereits auf der Couch und starre an die Decke.

Verfluchter Albtraum!

Jedes Mal, wenn ich die Augen zumache, grinst mir die Fratze dieses alten Katerprofessors ins Gesicht. Eines steht jedenfalls fest: Solange ich heute allein bin, werde ich kein Auge mehr zutun.

Ich wälze mich hin und her und zähle nebenbei die bunten Magnete, die an unserem Kühlschrank hängen.

Ein Snack wäre jetzt etwas Gutes!

Da höre ich ein Geräusch und spitze meine Ohren.

War das gerade das Klirren eines Schlüssels?

Tatsächlich! Endlich kommen die ersten Familienmitglieder nach Hause. Du kannst dir gar nicht vorstellen, wie froh ich bin, heute nicht mehr allein sein zu müssen. Erst dieser grässliche Albtraum und dann der verrückte Postbote – dem halten selbst die stärksten Katzennerven nicht stand! Außerdem ist es auf Dauer allein wirklich langweilig, wenn ein Nickerchen nicht in Frage kommt und man das Haus aufgrund der kalten Temperaturen lieber nicht verlässt.

Sophie wirft ihre bunten Stiefelchen auf die Schuhabtropfmatte und stürmt in den großen Wohnbereich, der aus Ess- und Wohnzimmer besteht und direkt an die Küche angrenzt. Ich laufe zu ihr, springe auf das Sofa und begrüße die Kleine, indem ich meinen Kopf an sie schmiege.

„Mama, was bekommt Amy zu essen?“, lächelt das süße Kind über beide Ohren, während es in die Küche läuft.

Sophie weiß wohl genau, was ich mir denke, und wird mir dadurch gerade noch sympathischer. Marie reicht ihr eine kleine Dose und einen Löffel und ich bekomme erst einmal mein Mittagessen.

Ob Jamie mich heute auch wieder so herzlich begrüßen wird?

Ich stehe vor meinem gefüllten Futternapf und denke ausnahmsweise einmal nicht ans Fressen. Der Junge war mir schließlich noch nie böse.

Ich habe mein Futter noch nicht einmal angerührt, da höre ich abermals die Haustür. Und Schluchzen.

Es ist Jamie!

Der Junge betritt das Vorhaus und ich laufe schnell zu ihm. Auch Mama Marie folgt mir.

Oh Mann, Jamie sieht ja furchtbar aus!

Ich mustere mein trauriges Herrchen und warte darauf, dass der Bub mich hochhebt, allerdings fällt er stattdessen Mama Marie in die Arme.

„Mum, ich hasse die Schule“, weint der Junge los und ringt kurz darauf nach Luft.

Igitt, ekliger Schleim!

Jamies Nase und Augen rinnen gerade um die Wette und ich bin froh, dass er sich für Marie und ihren Pullover und nicht für mich und mein Fell als Taschentuch entschieden hat. Schon wieder habe ich einen guten Grund, die Schule nicht zu mögen.

Ich trete ein paar Schritte zurück und spitze meine Ohren, um Jamies undeutliches Geheule zu verstehen: „Dieser gemeine Direktor hat mich heute vor all meinen Mitschülern bloßgestellt. Er hat mir an der Tafel die schwierigsten Mathebeispiele gegeben und ...“

Der Junge atmet tief durch, um überhaupt Worte herauszubringen: „Und dann hat er Witze darüber gemacht, dass ich die Wochenenden lieber zum Lernen nutzen soll, anstatt Dummheiten anzustellen.“

Mittlerweile steht auch Sophie neben mir im Vorhaus und schaut ihren Bruder mitleidig an.

„Und das, obwohl ich mich zuvor im Rektorzimmer bei ihm entschuldigt habe.“ Wieder beginnt Jamie fürchterlich zu schluchzen.

In mir baut sich Wut auf. Ich sehe Jamie tief in die glasigen Augen und stelle mein Fell bedrohlich auf.

Jetzt reicht's! Diesem Fiesling gehört eine Lektion erteilt!

Mich überkommt der Wunsch nach Rache und ich erinnere mich an das Avengers-Superhelden-Poster über Jamies Bett. Ich hebe meinen Kopf anmutig in die Höhe, um deren Pose nachzuahmen, und fühle mich richtig stark.

Marie umarmt ihren Sohn fester und versucht, ihn zu trösten.

Jetzt ist keine Zeit zum Kuscheln! Ich habe eine Mission!

Ich laufe ins Wohnzimmer zu meinem Lieblingskratzbaum und bereite mich vor.

„Krrr, krrr, krrr, krrr!" Fast eine Minute lang wetzen meine Krallen am Kratzbaum.

So scharf waren sie noch nie! Jetzt gibt es keine Ausreden mehr.

Ich nehme meinen ganzen Mut zusammen und springe durch das geöffnete Wohnzimmerfenster direkt auf einen Ast unseres Apfelbaumes.

Mann, war das ein Megasprung!

Ich fühle regelrecht, wie mich die Superheldenkraft durchströmt und komme mir wie dieser Donnergott und der schwarze Panther in einem vor.

So weit, so gut!

Vorsichtig klettere ich die Äste entlang Richtung Nachbargrundstück. Normalerweise ist das für einen

Kletterprofi wie mich ein Klacks, aber der matschige Schnee auf dem Baum sorgt nicht gerade für den besten Halt.

„Wuff, wuff, rrr, wuff!“ Plötzlich beginnt die sabbernde Bulldogge der Kirchers zu bellen. Ich zucke zusammen.

Verdammt, hat der blöde Köter mich erschreckt! Auf den habe ich ganz vergessen.

Mir wird ein wenig mulmig und ich bin froh, kein Hundisch zu verstehen. Was der böse knurrende Kläffer gerade von sich gibt, sind sicher keine Nettigkeiten.

„Bleib stark“, miaue ich mir leise selbst zu, „du bist eine Superheldin.“

Ich schleiche weiter und bleibe am Ende eines Astes stehen.

So, am Nachbargrundstück wäre ich schon mal. Und jetzt?

Wie angewurzelt verharre ich über dem Nachbarshund Rokko, der wie verrückt auf- und abspringt und sich dabei die Seele aus dem Leib bellt.

Zum Glück können Hunde nicht klettern – aber wie werde ich den lästigen Köter jetzt los?

Ich mustere den ekligen Kläffer.

Igitt, der sabbert ja den ganzen schönen Schnee voll!

Ich überlege kurz.

Schnee! Das ist es! Jetzt wird Rokko sein blaues Wunder erleben!

Ich springe flink von Ast zu Ast, arbeite mich immer höher hinauf und verzichte dabei absichtlich auf meine katzentypisch weiche Landung.

Na, komm schon!

Meine akrobatischen Einlagen bringen die Äste ins Wanken. Immer schneller springe ich von einem Ast zum anderen und löse dabei ein regelrechtes Baumbeben aus.

Komm schon!

Ein letztes Mal bereite ich mich blitzschnell auf einen Megasatz auf den höchsten Ast vor und springe mit aller Kraft ab. Ich spüre, wie das Holz unter meinen Beinen beim Absprung nachgibt.

„Miau!“, fliege ich regelrecht gen Himmel und erwische den höchsten, relativ schmalen Ast ganz knapp, sodass ich mich an der Unterseite festkrallen muss.

„WUMMS!“

Es funktioniert!

Ich schließe meine Augen, denn der Schnee vom obersten Astwerk purzelt im Sturzflug nach unten und löst beim Vorbeifliegen an den dickeren Ästen eine regelrechte Lawine aus. Als ich Sekunden später meine Augen öffne und nach unten blicke, erkenne ich am Boden einen kleinen Schneehaufen, unter dem sich etwas bewegt.

Ha, es hat geklappt!

Schüttelnd befreit sich der völlig eingeschneite Hund und läuft winselnd davon, als ich ihn mutig anfauche.

„Nimm das, du blöder Köter! Leg dich niemals mit einer Superheldenkatze an!“, miaue ich ihm nach, obwohl ich weiß, dass er mich wahrscheinlich nicht versteht.

Ich koste meinen Triumph aus und denke dabei ein wenig über das Verhältnis von Hunden und Katzen nach.

Wenn du mich fragst, sind Katzen einfach viel schlauer

als Hu ... Hu ... Hun ...

„MIAUUU!"

Plötzlich verliere ich den Halt, falle genauso wie zuvor der Schnee im Sturzflug rasant zu Boden und schaffe es gerade noch, auf den Beinen zu landen. Peinlich berührt blicke ich mich um.

Hoffentlich hat das niemand gesehen!

Nochmals checke ich die Umgebung, während ich meine Gedanken über das Verhältnis von Hunden und Katzen weiterspinne: „Für einen Hund wäre das ja eine klasse Landung gewesen, aber für eine Katze war das nicht gerade eine Glanzleistung."

Ich beutle den weißen Matsch ab und renne schnurstracks in die Einfahrt der Kirchers, wo der schicke Mercedes von diesem Fiesling geparkt steht. Jeden Morgen heult die 400 PS starke Maschine um 7:10 Uhr beim Wegfahren der beiden Kirchers so laut auf, dass ich mir bereits vor meinem morgendlichen Toilettengang fast in meine zum Glück nicht vorhandene Hose mache. Deswegen ist mir auch die Idee für diese Rachemission gekommen.

Mit einem großen Satz springe ich auf die Motorhaube der geliebten Angeberlimousine, um dort mein Geschäft zu verrichten.

„Quieeeeeeeetsch!"

Verdammt, was soll das?!

Der eiskalte Lack ist so rutschig, dass ich sofort wieder Richtung Boden schlittere. Nicht einmal fünf Sekunden nach meinem Absprung lande ich wieder in der Einfahrt der Kirchers und habe Mühe, mich auf den Eisplatten auf den Beinen zu halten.

Die sollten dringend ihre Einfahrt vom Eis befreien. Albert macht das bei uns viel besser!

Ich richte mich auf und lehne mich mit den Vorderpfoten gegen die Stoßstange des Wagens.

Ups ... So war das nicht geplant.

Ungläubig betrachte ich die völlig zerkratzte Motorhaube des Autos.

Wahnsinn! Das ist ja noch viel besser als meine ursprüngliche Idee!

Ich stelle fest, dass meine Krallen richtige Waffen sind, tue so, als ob das alles so gewollt war, und verlasse das Schlachtfeld mit erhobenem Haupt.

Dieser Fiesling hat nichts Geringeres verdient!

Ich schleiche Richtung Haus und freue mich wie ein Schneekönig.

Jetzt bin ich ein richtiger „Avenger“!

9. Als die Katzenkodex-Ausnahmeregeln für die Katz sind

Als ich von meinem Siegeszug zurückkehre, begrüßt mich Mama Marie freundlich: „Keinen Hunger?“ Sie blickt mich verwundert an und deutet auf den noch immer gefüllten Futternapf.

Das hat die gute Marie wohl noch nie erlebt, dass der Inhalt meines Napfs einmal länger als fünf Minuten überlebt, und auch ich wundere mich gerade darüber. Langsam schleiche ich zu meiner mit köstlichem Thunfisch gefüllten Futterschüssel und beginne zu mampfen.

Mmh! Was für ein Fehler, dich so lange warten zu lassen!

Für einen kurzen Moment vergesse ich, dass Jamie mir böse ist, und genieße mein Mittagessen in vollen Zügen. Bald kreisen meine Gedanken jedoch wieder um den gekränkten Jungen.

Wo ist er bloß?

Schnellen Schrittes laufe ich die Treppen hoch zu Jamies Zimmer. Die Tür ist geschlossen.

Wie gerne würde ich ihm jetzt von meiner erfolgreichen Mission berichten - dann würde er mir bestimmt verzeihen und alles wäre wieder gut.

Trotz meiner gelungenen Racheaktion stehe ich traurig vor der Kinderzimmertür und verfluche insgeheim den Heiligen Katzenkodex. Dieser verbietet uns Katzen nämlich jegliche Kommunikation mit Menschen. Schon im ersten Absatz des Kodex wird klar festgelegt: „Hauskatzen dürfen - abgesehen von drei Ausnahmen - unter keinen Umständen versuchen, mit Menschen zu kommunizieren."

In Gedanken gehe ich die Ausnahmeregeln des Katzenkodex durch und hoffe, Jamie vielleicht doch auf die zerkratzte Limousine aufmerksam machen zu dürfen. Dabei überkommt mich schon wieder der Hunger, obwohl ich gerade gefressen habe. Die erste Ausnahmeregel betrifft nämlich das Katzenfutter, denn Katzen denken bekanntlich ständig ans Fressen. Daher erlaubt die erste Ausnahmeregelung, mit kläglichem Miauen ausdrücklich um Futter zu betteln.

Noch immer stehe ich vor Jamies Tür und frage mich, wie viele Katzen ohne diese wichtige Ausnahme schon verhungert wären.

Ich lege mich hin und denke an die zweite Ausnahmeregel, die das Zeigen von Zuneigung erlaubt. Wieder überlege ich, ob ich Jamie von meiner genialen Rachemission berichten darf, doch dann fällt mir die Zusatzklausel dieser Ausnahmeregelung ein: „Das Zeigen von Zuneigung dient einzig und allein der Sicherung des ‚Gefüttert-Werdens'." Da ich gerade erst mein Mittagessen bekommen habe, ist auch diese Ausnahme nicht wirklich hilfreich.

Genervt von der Einschränkung strecke ich mich und gehe im Kopf enttäuscht den letzten Absatz der gerade nutzlosen Ausnahmeregeln durch. Dieser ist nämlich für besonders aufgeschlossene Katzen gedacht und erlaubt es, bei Spieleinheiten intelligente Rückmeldungen zu geben. Die Mehrheit der Hauskatzen empfindet diese Ausnahme zwar als unnötig und würde sowieso nie mit seinen Herrchen spielen, aber ich finde diese Regel ganz vernünftig! Schließlich lässt sich dabei immer wieder einmal ein Leckerli abstauben und manchmal macht es sogar wirklich Spaß, den einen oder anderen Trick auszuprobieren.

Da keine der Ausnahmen mir erlaubt, Jamie auf meine erfolgreiche Racheaktion aufmerksam zu machen, lasse ich es sein. Schließlich will ich das Geheimnis der Katzen und dadurch unser angenehmes Leben als Stubentiger nicht gefährden.

Immer noch liege ich vor Jamies geschlossener Tür und beschließe, vorsichtig daran zu kratzen.

„Miau", versuche ich Jamie zum Öffnen zu bringen, und spitze dabei meine Ohren.

Ich warte einige Sekunden, doch im Zimmer bleibt es still.

Ob er schläft?

Obwohl ich wüsste, wie ich die Tür mit einem gezielten Sprung öffnen könnte, schleiche ich enttäuscht und katzenmüde ins Wohnzimmer zu Sophie, die gerade eine Kinderserie ansieht. Jamie will offensichtlich allein sein.

Im Wohnzimmer angekommen springe ich auf die oberste Plattform meines Kratzbaumes und spüre sofort die schwachen Sonnenstrahlen. Jetzt muss ich erst einmal mein vom Albtraum zerstörtes Vormittagsschläfchen nachholen.

Ich blicke auf die Uhr.

Außerdem ist mein tägliches Nachmittagsnickerchen auch schon fällig!

Ich schließe meine Augen.

Hoffentlich ist bald alles wieder gut.

10. Als Herr Kircher aus einer Mücke einen Elefanten macht

Als ich aufwache, ist es draußen bereits stockdunkel. Gut, im Winter wird es zwar früh finster, dennoch bin ich erstaunt, dass ich nun doch mehrere Stunden am Stück geschlafen habe. Ein Blick auf die Uhr verschlimmert meine Verwunderung weiter, denn die Zeiger stehen bereits auf kurz vor acht Uhr.

Immerhin waren keine Albträume dabei!

Ausgeschlafen und gut gelaunt richte ich mich auf, strecke meine steifen Glieder und gähne in den Raum. Ich hebe mein Näschen und schnuppere.

Mhh! Riecht so, als wäre mein Abendessen bereits angerichtet.

Freudig springe ich zu Boden.

Habe ich schon erwähnt, dass ich Futter liebe?

Ich schlendere in die Küche und lasse mir mein leckeres Nachtmahl schmecken. Daneben steht ein wenig Katzenmilch, die ich mit großem Appetit als Nachspeise schlecke.

Vollgemampft spitze ich die Ohren.

Wo sind denn alle?

Im ersten Stock höre ich Mama Marie, wie sie der kleinen Sophie wieder einmal „Der gestiefelte Kater" vorliest, und freue mich über die Wahl des tollen Lesestoffs. Jamie muss gerade in der Badewanne planschen, denn es klingt, als tobe im Badezimmer ein richtiger Tsunami. Das letzte Familienmitglied liegt angespannt auf der Couch und schaut wie verzaubert in die Glotze. Normalerweise würde ich jetzt in den ersten Stock laufen, aber ich hatte heute sowohl von Feuchtigkeit als auch vom Schlafen bereits mehr als genug. Also springe ich mit einem Satz auf das Sofa zu Albert und starre ebenfalls gebannt in den Fernseher.

Ich lausche den Nachrichten und bin froh, dass nicht gerade diese nervige Kinderserie mit dem dummen Kater läuft. Jedes Mal, wenn er von der winzigen Maus ausgetrickst wird, könnte ich die Wände hochgehen – als ob Mäuse tatsächlich schlauer wären als Katzen!

Der Nachrichtensprecher liest einen Beitrag nach dem anderen vor und ich wundere mich dabei über die oftmals seltsame Menschheit und deren Probleme. Dann höre ich Jamie im ersten Stock aus dem Bad in sein Zimmer trampeln und es wird langsam still.

„Gute Nacht“, höre ich Mama Marie ins Kinderzimmer flüstern und erwarte jeden Augenblick, dass sich auch Albert auf den Weg macht, seinen Sprösslingen süße Träume zu wünschen, aber heute bleibt er einfach auf der Couch liegen.

Hm, seltsam!

Es vergehen einige Minuten, bis Marie ebenfalls das Wohnzimmer betritt. Ich räume das Feld, denn Albert sieht so aus, als könnte er ebenfalls ein bisschen Aufmunterung brauchen.

„Und was machen wir jetzt?“, fragt Marie in besorgtem Ton, während ich mich gerade aus dem Staub machen will. „Das kann er doch nicht wirklich machen“, fügt sie hinzu.

Ich bleibe stehen und beginne zu lauschen.

Was kann wer nicht machen?

„Er kann und wird, Marie. Er hat mir heute mitgeteilt, dass mein Dienstverhältnis nach Ablauf der dreimonatigen Probezeit nicht verlängert wird.“ Albert setzt sich auf und blickt traurig zu seiner Frau.

„Und du meinst, das hat mit diesem dummen Vorfall zwischen unseren Söhnen zu tun?“, löchert Marie ihren Mann weiter. „Außerdem kann man dagegen doch sicher vorgehen“, ergänzt sie hoffnungsvoll mit zornigem Unterton.

„Nicht einmal wir sind uns sicher, ob es etwas damit zu tun hat. Mein gesunder Menschenverstand sagt ‚Nein', aber es wäre auch keine Überraschung, wenn der alte Kircher eine Kleinigkeit wieder zu einer Katastrophe aufbauschen würde. Was willst du also tun?"

Albert beugt sich nach vorne und nimmt einen Schluck Tee.

„Er muss nicht einmal einen Grund dafür angeben, das Dienstverhältnis nicht verlängern zu wollen", erklärt Albert seiner Frau die Situation geknickt.

Halt. Stopp! Habe ich das richtig verstanden? Albert verliert seinen Job? Und das alles nur, weil Jamie mich verteidigen wollte?

Ein ungutes Gefühl überkommt mich und ich bekomme schon wieder ein schlechtes Gewissen. Mittlerweile wird das bei mir scheinbar zur Gewohnheit.

Oh Mann, und mein neues Katzenfutter kann ich mir dann wohl in die Haare schmieren – oder besser gesagt in mein flauschiges Fell.

Nach wie vor stehe ich zwischen dem Wohnbereich und der Küche und bin mir nicht sicher, ob ich zurück zu Albert und Marie gehen oder lieber verschwinden soll.

Ob die beiden wissen, warum Jamie den Nachbarsjungen angegriffen hat? Ob sie mir deswegen die Schuld an dem ganzen Schlamassel geben?

Hunderte Gedanken durchströmen meinen kleinen Kopf und es kommt mir so vor, als würde er gleich platzen. Genauso muss sich Jamie fühlen, wenn er bei seinen schwierigen Matheaufgaben am Schreibtisch sitzt – ein grauenhaftes Gefühl!

Je länger ich darüber nachdenke, desto sicherer bin ich mir, dass ich an allem schuld bin und die Familie mich dafür hassen wird.

Trotz der kühlen Temperaturen entscheide ich mich dafür, ein wenig frische Luft zu schnappen. Am Himmel leuchten hunderte Sterne und der Mond scheint so hell, dass die Umgebung für meine traurigen Katzenaugen fast wie am Tag aussieht. In der Einfahrt der Nachbarn erblicke ich den silbernen Mercedes, dessen Motorhaube den Nachthimmel nahezu perfekt spiegelt. Nur an den Stellen, die meine Krallen zerkratzt haben, sind Verzerrungen zu erkennen.

Wenn Albert seinen Job verliert, wird sich einiges ändern. Jamie muss dann bestimmt sein kürzlich begonnenes Fußballtraining aufgeben und auch Sophies kostspieliger Reitkurs wird mit Sicherheit abgesagt. Marie muss wieder Überstunden machen, um alle Rechnungen bezahlen zu können, und Albert ... Alberts Gemütszustand wird wieder den Tiefpunkt erreichen. Und das alles nur wegen mir.

Ich beobachte in der Ferne einige Autos, die die ruhige Nacht mit ihren Lichtern wie ein Laserschwert zerschneiden.

„Sie werden mir die Schuld geben“, miaue ich ganz leise in die Nacht. „Es ist alles meine Schuld.“

Betrübt wie nie zuvor laufe ich in die Dunkelheit.

11. Als ich bekannt bin wie ein bunter Hund

Erstmals seit ... eigentlich das erste Mal, seit ich mich erinnern kann, verbringe ich die Nacht nicht zu Hause bei meiner Familie. Oder sollte ich sagen: ehemaligen Familie? Schuldbewusst und todtraurig bleibe ich unter einer Straßenlaterne stehen. Mein ganzer Körper zittert – halb vor Angst und halb vor Kälte. Ich warte bereits jetzt sehnsüchtig auf den Sonnenaufgang und blicke mich nach einem Unterschlupf um, in dem ich die Nacht verbringen kann.

Wie weit ich wohl von zu Hause entfernt bin?

Vor lauter Gedanken habe ich völlig aus dem Blick

verloren, wie lange ich gelaufen bin. Der eisige Wind weht mir durch mein feuchtes Fell und es kommt mir so vor, als sei ich schon Stunden unterwegs.

Ob meine Familie schon bemerkt hat, dass ich nicht mehr da bin?

Wieder erobern tausende Gedanken meinen Kopf.

Plötzlich höre ich hinter mir ein leises Knacken.

Was war das?!

„Na Kleine, hast du dich verlaufen?", miaut ein aus dem Nichts auftauchender, ziemlich großer Kater in meine Richtung.

Mann, hat der mich erschreckt. Zum Glück ist es kein Straßenköter, das hätte mir gerade noch gefehlt!

„Das Fell einer Hauskatze ist wohl nicht sonderlich gut für winterlich eisige Temperaturen geeignet?", fügt der graue Langhaarkater hinzu und setzt dabei ein gruseliges Grinsen auf.

Der böse Gesichtsausdruck erinnert mich an die Katze aus „Alice im Wunderland" und löst in mir ein mulmiges Gefühl aus.

Woher weiß der, dass ich eine Hauskatze bin?

Ich bekomme leichtes Nervenflattern und trete ein paar Schritte zurück, als er beginnt, in meine Richtung zu schleichen. Da nähert sich auch von der anderen Seite ein schneeweißer Kater, der sich ebenfalls ganz langsam anpirscht.

„Äh ... äh ... ähm ... Alles gut, macht euch keine Sorgen", versuche ich selbstbewusst zu miauen, was mir aufgrund meiner zittrigen Stimme allerdings nicht gerade überzeugend gelingt.

„Luna, schau, wen ich gefunden habe!“, faucht der graue Kater, während er seinen Kopf nach hinten neigt.

Schön langsam macht sich Panik in mir breit und ich bin mir nicht sicher, ob ich den beiden Katern jetzt nicht doch einen Hund vorziehen würde.

„Deine Heldin!“, zischt die tiefe Stimme abermals in dieselbe Richtung.

„K … k … k … kennen wir uns?“, stottere ich mit peinlicher, gar nicht heldenhafter Piepsstimme.

An der nahegelegenen Hauswand taucht im Licht der Straßenlaterne plötzlich ein Schatten auf, der zwar die Form einer Katze hat, jedoch mindestens zehnmal so groß ist.

Ach du heiliger Katzenhaufen!

Mittlerweile bin ich von zwei riesigen Katern umzingelt und eine noch größere Katze ist im Anmarsch. Meine Beine sind völlig steif, sodass ich mir nicht sicher bin, ob ich bereits am Boden festgefroren bin oder mich einfach vor Angst nicht bewegen kann.

Das war‘s dann wohl.

Meine Gedanken sind bei Jamie und dem Rest der Familie.

Wäre ich doch bloß nicht weggelaufen.

Der Schatten der Riesenkatze kommt immer näher und ich erwarte ein Monster, doch als die Gestalt hinter einer Mauer zum Vorschein kommt, erblicke ich verwundert eine kleine, ziemlich abgemagerte, rabenschwarze Katze. Plötzlich beginnen die beiden Streuner vor und hinter mir herzhaft zu lachen.

„Mann, ich hab‘ gedacht, du machst dir vor Angst gleich ins Höschen! Unsere Gruselnummer wird immer besser, Diego!“, miaut der langhaarige Kater lautstark lachend zuerst zu mir und anschließend zu seinem Freund.

Ich stehe völlig verdutzt zwischen den beiden Katern und erkenne die ausklingende Gefahr langsam.

„Mein Name ist Raymond, aber du kannst mich Ray nennen!“, erklärt er, während er sich räuspert und versucht, sich zu beruhigen. „Der da drüben heißt Diego“, stellt Ray den weißen Kater vor. „Und du musst Amy sein, nicht wahr?“

Wieder mache ich ein äußerst überraschtes Gesicht.

„Wo ... woher kennst du meinen Namen?“, frage ich bereits wieder ein wenig gefasster als noch vor wenigen Augenblicken.

Auf der Straße zischt ein Auto an uns vorbei.

„Na von ihr“, deutet Raymond auf die schwarze Katzendame. „Sie beobachtet dich schon länger und redet seit gestern nur noch von dir. Du kannst dir nicht vorstellen, wie oft wir uns jetzt schon die Geschichte anhören mussten, wie du dem sabbernden Köter Rokko eine Lektion erteilt hast.“

Oh Mann, ob sie auch meinen peinlichen Sturz vom Apfelbaum gesehen hat?

Lächerliche Gedanken durchströmen meinen Kopf, als Ray fortfährt: „Mittlerweile gibt es in der ganzen Umgebung keine Katze mehr, die diese Story nicht kennt. Übrigens: Respekt!“ Ray zwinkert mir zu.

Wow, hier bin ich anscheinend ein Promi!

Erstaunt über meinen Bekanntheitsgrad drehe ich mich zur schwarzen Katze, die offensichtlich Luna heißt und in der Zwischenzeit ebenfalls zu uns gestoßen ist.

„Ähm ... hallo“, miaue ich kleinlaut, weil mir im Moment keine Worte einfallen.

„Ray, übertreib nicht!“, faucht Luna dem grauen Kater zu. „Du weißt genau, warum ich mich häufig in dieser Gegend herumtreibe. Außerdem kann ich diesen ekligen Kläffer einfach nicht leiden und find’s gut, dass ihm mal jemand gezeigt hat, wo der Hammer hängt!“

Meine Katzeninstinkte sagen mir, dass Lunas intensive Wut auf Rokko nicht von irgendwo herkommt.

„Außerdem haben wir uns darauf geeinigt, diese dämliche Gangsternummer sein zu lassen“, überdreht Luna die Augen. „Ihr habt Amy ja fast zu Tode erschreckt!“

Luna sieht Ray vorwurfsvoll an und blickt anschließend zu mir: „Verzeih den beiden, Kindsköpfe durch und durch. Ich bin übrigens Luna.“

Ich nicke und merke, wie sich mein Puls wieder bei den gewohnten 110 Schlägen pro Minute einpendelt.

Sie scheint nett zu sein!

Ich betrachte die schwarze Katze und mich überkommt das Gefühl, sie zu kennen.

„Komm mit, du musst ja fast am Erfrieren sein. Und Hunger hast du sicher auch“, miaut Luna freundlich zu mir, nachdem sich gerade mein Magen lautstark gemeldet hat.

Ich genieße die vorläufige Freundlichkeit zwar noch

mit ein wenig Vorsicht, kann aber nicht widersprechen. Meine Gedanken drehen sich bereits nur noch um das in Aussicht gestellte Futter. Die Katzengang setzt sich in Bewegung und ich folge den drei Streunern.

„Es ist nicht übertrieben“, flüstert mir Ray schon nach wenigen Schritten zu, indem er sich im Gehen umdreht. „Sie ist ein Fan von dir.“

12. Als ich mich zum Affen mache

Am nächsten Morgen werde ich von warmen Sonnenstrahlen geweckt.

Mann, hatte ich eine verrückte Nacht! Ich habe geträumt, dass mich drei Streunerkatzen bei sich aufgenommen haben und ... Moment, warum zieht es hier so?

Ich öffne die Augen und liege in einem alten, verlassenen Gebäudekomplex vor einem riesigen Fenster. Plötzlich fällt mir alles wieder ein: Alberts Job, meine Schuldgefühle, mein Davonlaufen und meine Rettung durch Luna, Ray und Diego. Traurig stelle ich fest, dass das Ganze kein Traum war.

Ich richte mich auf und sehe mich um. Trotz der wärmenden Sonne ist mir kalt und mein Magen fühlt sich beleidigt an.

Ob das Menschenessen, das mir Diego heute Nacht besorgt hat, bereits abgelaufen war?

Monatelang habe ich mir nichts mehr gewünscht, als endlich einmal Menschenfutter kosten zu dürfen, und heute würde ich wohl alles für meine geliebte Ente-Hühnchen-Katzenfutterdose in meinem warmen Zuhause geben.

Ich beginne, über mein schmutziges Fell zu schlecken, und überlege. Zum Glück haben mich die drei Streuner heute Nacht gefunden – im Freien wäre ich bestimmt erfroren. Oder noch schlimmer: VERHUNGERT!

Wieder einmal erwische ich mich beim Nachdenken dabei, wie ich übertreibe, wenn es um Futter geht, und setze meine Katzenwäsche fort.

„Guten Morgen, Stubentiger, und willkommen in deiner neuen Stube“, begrüßt mich Ray wenig später vergnügt durch das kaputte Fenster. „Frühstücksbuffet findest du hier!“

Er deutet mit seinem Kopf auf eine große, grüne Tonne neben ihm, auf der „Küchenabfälle“ geschrieben steht.

Ob er lesen kann und weiß, dass es sich bei dem Inhalt dieser Tonne um Müll handelt?

Ich zucke innerlich zusammen: „War die Lasagne heute Nacht etwa aus dieser Tonne?“ Mir wird nachträglich übel und ich verstehe nun, wieso sich mein Magen so seltsam anfühlt.

„Da drin gibt es allerlei Leckereien!“, versichert mir Ray fröhlich und springt auf die Tonne.

Igitt!

Ich lüge angeekelt, dass ich keinen Hunger habe, und klettere eine wackelige Stellage hinunter zum Boden der alten, ziemlich schmutzigen Lagerhalle.

In diesem Moment kommt auch Luna aus einer der unzähligen, herumliegenden Kartonschachteln gekrochen und miaut verschlafen: „Natürlich hast du Hunger. Jede Katze hat prinzipiell immer Hunger.“

Hm, wo sie recht hat, hat sie recht. Aber diesen Müll fresse ich schon aus Prinzip kein zweites Mal.

„Ich weiß, was in deinem Kopf vorgeht, ich habe mich bis heute noch nicht an diesen Abfallfraß gewöhnt“, versteht Luna mich scheinbar ziemlich gut.

Bis heute?

„Komm, wir fangen uns eine frische Maus! Von denen gibt es hier genug. Aber nimm dich vor den fiesen Ratten in Acht!“, zwinkert sie mir grinsend zu.

Wieder bekomme ich das Gefühl, Luna zu kennen, und nicke. Leise schleichen wir durch die Halle und halten Ausschau nach Beute.

„Also, du bist manchmal in der Gegend meiner Familie unterwegs?“, versuche ich mehr über Luna herauszufinden, aber mehr als ein simples „Ja“ bekomme ich vorerst nicht zu hören. „Und was machst ...“, will ich die schwarze Katze weiter löchern, als sie mir mit ihrer Pfote plötzlich mein Maul bedeckt.

„Schhh, bei der Jagd sollte man nicht miauen“, faucht

sie ganz leise, sodass ich es mit gespitzten Ohren gerade noch hören kann.

Ich erblicke in der anderen Ecke des Raumes eine Maus, die mit dem Rücken zu uns an einem unidentifizierbaren Stück Nahrung herumnagt.

„Das ist deine“, flüstert Luna mir zu.

Oh Mann, bin ich gerade nervös. Es muss ewig her sein, dass ich eine Maus gefressen habe. Und das Schlimme daran ist, die hat mir damals noch meine Mutter gefangen. Ich weiß nicht einmal mehr, wie eine Maus schmeckt.

Für einen Augenblick überlege ich, ob ich Luna die Wahrheit sage, entscheide mich dann aus Scham aber dagegen.

Verdammt! Das kommt davon, wenn man seit seiner frühesten Kindheit tagtäglich gefüttert und dadurch immer fauler wird! Ich muss das hinbekommen. Katzen können das!

Ich rede mir selbst Mut zu, nicke und pirsche mich gekonnt immer näher an die Maus heran.

Zum Glück sitzt sie dort in der Ecke in der Falle!

Im Kopf gehe ich meinen Plan durch. Erstens: Anschleichen. Zweitens: Anspringen.

Obwohl es so einfach klingt, weiß ich, dass in Wirklichkeit so viel mehr dahintersteckt. Das Wichtigste ist jedenfalls das Überraschungsmoment – das hat meine Mutter immer wieder betont, wenn sie mir und meinen Geschwistern etwas vom Jagen erzählt hat. Viel mehr weiß ich leider nicht mehr.

Wieder ärgere ich mich über meine Faulheit, versuche aber, die negativen Gedanken abzuschütteln. Ich bleibe wenige Meter von der Maus entfernt hinter der letzten Versteckmöglichkeit stehen und setze zum Überraschungsangriff an. Zwei große Sprünge müssten genügen. Wie aus dem Katzenlehrbuch lege ich mich auf den Boden, visiere mein Ziel an, wackle mit meinem nervösen Schwanz und springe so gut wie lautlos ab.

Der erste Absprung ist mir hervorragend gelungen. Das war die halbe Miete!

Noch während meines atemberaubenden ersten Flugs bereite ich mich auf den zweiten Satz vor, mit dem ich es locker bis zur Maus schaffen sollte. Eine meiner Pfoten berührt bereits den Boden und ich versuche, beim Landen wenig Lärm zu erzeugen, damit der Nager so lange wie möglich ahnungslos bleibt.

Ahhhhh! Was soll das denn???

Ich habe das Gefühl, dass mir beim Landen der Boden unter den Pfoten weggezogen wird, kippe um und rutsche am Bauch lautstark in einen Haufen leerer Plastikflaschen.

„Patsch!“

Am Boden, wo wohl einige der Flaschen ausgeronnen sind, hat sich eine verdammte Eisschicht gebildet.

„Nicht schon wieder!“, fluche ich innerlich.

Beim Bowling hätte mein Abräumer sicher eine gute Punktzahl ergeben, aber in dieser Situation war meine Einlage einfach nur peinlich. Zum Glück hat das niemand gefilmt, sonst würde ich spätestens in einer Stunde auf

YouTube unter dem Begriff „lustige Katzenvideos“ zu finden sein.

Ich richte mich blitzschnell auf, umrenne die große Eisplatte und nehme die Verfolgung der Maus auf. Natürlich hat mich das Nagetier mittlerweile bemerkt - so doof sind nicht einmal Mäuse. Ich achte besonders genau auf den Boden und verfolge die Beute hauptsächlich anhand ihrer winzigen, leisen Schritte mit Hilfe meines genialen Gehörs - schließlich will ich diese Woche nicht ein drittes Mal auf Eis ausrutschen. Es geht nach rechts, es geht nach links und die Verfolgung mit meinen Ohren funktioniert wirklich tadellos, sodass ich den Kopf kaum vom gefährlichen Boden abwenden muss. Rasend schnell nähere ich mich der grauen Maus. Die kurzen Mäuseschritte werden immer lauter, doch plötzlich erzeugen die Tapser ein leises Echo.

Nanu, klingt wie in einer Höhle?

Ich blicke auf und erkenne im vollen Sprint wenige Zentimeter vor mir ein kleines Loch in der Wand, in das die Maus gerade geschlüpft sein muss. Sekundenbruchteile später wird um mich alles schwarz.

13. Als die Chemie stimmt

Oh Mann, mein Schädel brummt – zum zweiten Mal in dieser Woche!

Ich liege am Boden der Lagerhalle und streife mir mit meinen Pfoten über die schmerzende Stelle.

Wenn ich mir meinen Kopf weiterhin in diesem Tempo stoße, werden meine sieben Leben bald aufgebraucht sein ...

Neben mir sehe ich Luna und Ray, als ich mich verwirrt umblicke.

Ist gerade tatsächlich das passiert, was ich vermute? Hat es eine Maus geschafft, mich auszuknocken?

Ich erinnere mich an Sophies dämliche Lieblingsserie, deren Name mir im Moment nicht einfallen will, und schäme mich wie nie zuvor. Als ich mich leicht bewege, kommt Luna sofort angerannt.

„Alles okay bei dir?“, fragt sie in besorgtem Ton für meinen Geschmack viel zu laut.

Mein Kopf fühlt sich so an, als würde darin gerade eine Schlagzeugprobe stattfinden.

„Du warst bewusstlos“, ergänzt Ray, den ich das erste Mal seit unserem Kennenlernen ernst erlebe.

Ich richte mich auf und versuche, die Sache runterzuspielen: „Alles klar, Leute, nichts passiert.“ Leise miauend verschweige ich mein angeknackstes Ego.

„Na siehst du Luna, sieben Leben!“, schnurrt Ray sofort wieder in seiner vergnügten Grundstimmung.

Auch Lunas Sorgenfalten verschwinden langsam.

„Ich hätte nie gedacht, dass ich in meinem Leben noch einmal eine Folge von ‚Tom und Jerry‘ zu sehen bekomme“, grinst die schwarze Katzendame und fängt an, herzhaft zu lachen.

Genau, so heißt Sophies Lieblingsserie!

Obwohl mir das Ganze trotz der netten Reaktionen meiner neuen Freunde noch immer ein bisschen peinlich ist, steckt mich Luna mit ihrem Lachen an.

Woher eine Straßenkatze wohl „Tom und Jerry“ kennt?

„Die Gage ist bitte in Form von Futter zu bezahlen“, scherze ich glücklich, weil mich diese Katzen so freundlich in ihre Gang aufgenommen haben.

„Wir kennen zwar weder diesen Tom noch diesen Jerry, aber unterhaltsam war es allemal“, lachen Ray und Diego zeitgleich, nachdem sie sich verdutzte Blicke zugeworfen haben.

Ich lache ebenfalls und torkle noch ein wenig benommen in einen der Kartons, denn der Hunger ist mir fürs Erste vergangen.

„Ruh dich aus“, miaut Luna freundlich. „Und willkommen in der Familie.“

14. Als die Katze aus dem Sack ist

Ich wälze dösig in einer Schachtel hin und her und kann das erste Mal in meinem Leben nicht sofort einschlafen. Für Menschen gibt es in solchen Fällen heiße Milch oder Kakao, aber wir Katzen müssen damit wohl selbst fertig werden. Ich denke an meine Familie, weil mich der Kartongeruch an mein Lieblingsversteck zu Hause erinnert. Im Moment fehlt mir einfach alles - sogar die dämlichen, alten Umzugskartons unter der Treppe, in denen ich mich oft versteckt habe, wenn ich meine Ruhe haben wollte.

Bestimmt wissen nun auch bereits die Kinder Bescheid, dass ihr Vater seinen Job verliert. Albert hat es ihnen beim Frühstück sicher erzählt. Wenn mein Senior-

Herrchen nämlich eines nicht gut kann, dann ist es, Geheimnisse zu bewahren. Sicher hassen sie mich jetzt dafür, dass sie ihre Hobbys aufgeben müssen, denn dafür wird das Geld bestimmt nicht mehr reichen ...

Ich bedecke mein Gesicht mit meinen Pfoten und versuche, nicht an meine Familie zu denken.

Jamie war schon so sauer, nur weil er sich beim Direktor entschuldigen musste, also kann ich mir vorstellen, wie zornig er jetzt auf mich sein muss.

Betrübt stelle ich fest, wie toll mein Leben eigentlich war. Anschließend muss ich schmunzeln.

Meine größten Sorgen früher waren doch tatsächlich der Gedanke an die Schule - und natürlich, welche Futtersorte heute in meinem Napf landet. Das waren noch Zeiten ...

Im Moment bin ich mir nicht einmal sicher, wann es überhaupt das nächste Mal Fressen gibt. Meine festen Fütterungszeiten kann ich mir jedenfalls abschminken.

Nach einer halben Stunde des Grübelns stelle ich fest, dass ich nichts über diesen Ort und die anderen Katzen weiß. Ich krieche aus der Schachtel und schleiche ins Freie.

„Hey Ray, wo genau befinden wir uns hier eigentlich?“, will ich vom langhaarigen Streuner wissen, der sein Fell gerade im Dreck der Straße wälzt.

„Das ist die alte Lagerhalle der Post“, erklärt Raymond, „deswegen sind da drin auch so viele coole Schachteln und Kisten.“

Der Kater steht auf, springt in die grüne Tonne und kommt mit einem alten Stück Fleisch wieder heraus.

Igitt! Muss er das vor meinen Augen fressen?

Obwohl ich sonst immer hungrig bin, wird mir beim Gedanken an dieses Abfallfutter schlecht. Ray aber scheint es zu schmecken.

„Wir sind hier am nördlichen Rand des Stadtzentrums“, schmatzt Raymond weiter, „circa zehn Busminuten von deinem ehemaligen Haus entfernt“.

Der graue Kater weiß scheinbar genau, worauf ich hinauswill.

Aber hat er gerade „Busminuten“ gesagt?

„Sag bloß, ihr benutzt das städtische Bussystem?“, erkundige ich mich erstaunt.

„Ich nicht!“, lacht Ray, „was soll ich woanders, wenn wir hier doch wie im Paradies leben?“

Der Kater lacht so stark, dass er sich fast an dem alten Hühnerfleisch verschluckt. „Hakuna miauau, wie ich immer zu sagen pflege.“

Ich erkenne, dass Rays und meine Vorstellungen vom Paradies und einem sorgenfreien Leben doch unzählige Katzensprünge voneinander entfernt sind.

„Aber Luna nutzt die Busse von Zeit zu Zeit, um ihr altes Zuhause zu besuchen. Sie ist vor ein paar Minuten losgeschlichen“, deutet der Kater die Straße entlang.

Zuhause?!

Plötzlich weiß ich, warum Luna mir so bekannt vorkommt.

Sie sieht genauso aus wie die kleine Katzenstatue der

Kirchers! Die, die Jamie zerstört hat!

Von einem Moment zum anderen ergibt alles Sinn: ihre Ausflüge in den Vorort, ihre Abneigung gegenüber Rokko, ihr Wissen über TV-Serien und ihr im Vergleich zu Ray und Diego deutlich gepflegteres Fell. Wie vom Blitz getroffen renne ich los und merke, dass mir ein wenig schwindlig wird.

„Pass auf, auch sieben Leben sind als Streuner in der Großstadt schnell verbraucht", miaut mir Ray noch nach, als ich die Straße überquere, ohne auf den Verkehr zu achten.

Ich bin keine Streunerin! Ebenso wenig wie Luna ...

So schnell ich kann, laufe ich den vom Schnee befreiten Gehweg entlang und erkenne in der Ferne die Bushaltestelle. In diesem Moment biegt ein großer, weißer Bus in die Haltestation, hält an und öffnet die Türen.

Da ist Luna!

Zahlreiche Menschen verlassen den Bus und einige steigen anschließend zu. Ich verliere die schwarze Katze in dem Getümmel aus dunklen Hosen und Schuhen aus den Augen.

Verdammt, müssen so viele Leute schwarze Kleidung tragen?

„Piep, piep, piep." Ich bin nur noch wenige Meter vom Heck des Busses entfernt, der gerade seltsame Geräusche von sich gibt.

„Tür schließt", höre ich eine weibliche Roboterstimme sagen, die mich an Jamies Sprachassistentin am Handy erinnert.

Oh nein!

Fast so schnell wie ein Jaguar sprinte ich auf die Tür des Busses zu.

Ich muss unbedingt mit Luna sprechen - volles Risiko!

Ich springe auf die gerade schließende Bustür zu und befürchte, ein weiteres Mal gegen eine Wand zu knallen.

Hoffentlich geht sich das aus!

15. Als ich eine Horrorfahrt durchlebe

„Ratsch!“ Die Tür schließt und ich stehe wohlbehalten im hinteren Teil des Busses.

Puh, das war knapp!

Rund um mich befinden sich zahlreiche Menschen mit schmutzigen Schuhen.

Igitt, von „Füße abtreten“ habt ihr wohl noch nie etwas gehört?

Der Boden des gesamten Busses ist voller braunem Schneematsch und deswegen total rutschig. Auch der Lärmpegel ist für meine empfindlichen Katzenohren nicht gerade angenehm.

„Schaut mal, eine Katze!“, macht einer der jugendlichen Fahrgäste die anderen auf mich aufmerksam.

„Wuff, wuff, wuff“, höre ich ein paar Reihen weiter vorne.

Oh Gott, was habe ich mir dabei nur gedacht? Ich hätte lieber in eine Luxuslimousine springen sollen!

Ich versuche, meinen Schwanz bedrohlich aufzustellen, und fauche. Wenn ich mich genug anstrenge, wird er manchmal sogar ganz buschig und sieht dann so aus, als ob ich gerade einen Stromschlag bekommen hätte. Da verspüre ich einen Widerstand.

Was ist mit meinem Schweif los?!

Ich blicke nach hinten und erkenne entsetzt, dass mein Schwanz halb aus der geschlossenen Bustür hinausragt.

Verdammt! Hilfe!

Zum Glück sind zwischen dem rechten und linken Türflügel ganz weiche Gummidichtungen angebracht. Ich befreie mich aus der misslichen Lage und krieche den schmutzigen Boden entlang unter einen der Sitzplätze.

Wähh! Was zur Hölle ist das für ein ekliger Ort?!

Unter dem Sitz kleben gefühlt 100 Kaugummis und eine Reihe weiter vorne rinnt eine klebrige Flüssigkeit aufgrund der Bewegungen des Busses hin und her. Allein vom Anblick bekomme ich ein flaues Gefühl im Magen und kann jedem nur raten, in einem Bus niemals unter die Sitzplätze zu sehen! Ich blicke suchend nach vorne.

Wo ist Luna geblieben?

Plötzlich fährt der Bus in eine scharfe Kurve und ich habe Schwierigkeiten, mich auf den Beinen zu halten. Ich taumle ein wenig zur Seite und bemerke, wie mir langsam wirklich übel wird.

Da, ein Kinderwagen!

Ich hüpfe in die untere Ablage des Babygefährts und hoffe auf ein wenig mehr Komfort. Der Bus wackelt hin und her und auch die kleinen Bodenschwellen tragen nicht zu einem angenehmen Fahrerlebnis bei. Meine Übelkeit wird schlimmer, als ich um mich blicke.

Ihhh! Sind das Windeln?!

Als wäre die Situation nicht ohnehin schon grauenhaft, entdecke ich neben mir einen ganzen Pack ekliger Babywindeln. Vorsichtig schnuppere ich daran und verspüre Erleichterung.

Puh, ungebraucht!

Ich konzentriere mich auf einen Punkt in der Ferne, während die Roboterstimme immer wieder Namen von Haltestationen ansagt. Das Wichtigste ist vorerst einmal, nicht zu kotzen.

Ich fahre bereits einige Stationen und mir kommt nach wie vor kein Ort bekannt vor.

Ob ich im richtigen Bus bin?

Langsam bin ich mir nicht mehr sicher, ob Luna in den Bus hineingehüpft ist, als die metallische Computerstimme endlich eine mir bekannte Station ankündigt: „Nächster Halt: Turnhergasse."

„Das ist meine Straße!", juble ich erleichtert und kann es kaum erwarten, hier rauszukommen.

Und tatsächlich: Kurz darauf hält der Bus in Sichtweite

zu unserer Einfahrt. Ich blicke durch die Glastür hinaus. Noch ist scheinbar niemand zu Hause. Drinnen ist alles dunkel und vor der Tür steht ein großes Paket, auf dem seitlich Katzenpfoten abgedruckt sind.

Das muss mein bestelltes Katzenfutter sein!

Meine Übelkeit lässt deutlich nach und mein Magen beginnt zu knurren.

Diese Schachtel ist jetzt fällig – nichts wie raus hier!

Ich warte geduldig in meinem Versteck, bis sich die Bustür öffnet, um diesen grauenhaften Ort zu verlassen.

„Tschhhh“, höre ich es im vorderen Teil des Busses. „Piep, piep, piep – Tür schließt“, erklingt es kurz darauf ebenfalls von vorne.

Na los, geh schon auf, ich muss hier raus!

Ich schaue durch die verschmierte Glasscheibe der hinteren Tür und erblicke Luna, die gerade aus dem Bus gehüpft sein muss. Außer ihr ist bisher nur ein Mann ausgestiegen. In diesem Moment setzt sich der Bus wieder in Bewegung.

Was? Nein!

„Luna!“, miaue ich, doch der ohrenbetäubende Lärm des Motors ist deutlich lauter.

Was zum allmächtigen Kater soll ich jetzt tun?

Der Bus verlässt meine geliebte Turnhergasse in eine Seitenstraße und die metallische Stimme verkündet meinen Albtraum: „Nächster Halt: Sonnengymnasium.“

Oh Mann, schlimmer kann's gar nicht mehr werden!

Ich schließe meine Augen und vergrabe mich unter den zum Glück sauberen Windeln.

16. Als Luna und ich die Ohren steifhalten

Die Fahrt zur nächsten Haltestation dauert ewig und mir ist ziemlich heiß.

Ob mein Fell wegen der ungewohnt kalten Temperaturen draußen schon dichter geworden ist?

Ich halte das für unwahrscheinlich und vermute, dass es der Busfahrer mit dem Heizen einfach zu gut meint.

Als der Bus vor Jamies Schule hält, gehen ausnahmslos alle Bustüren auf.

Wollt ihr mich veralbern?

Nach und nach steigen einige Oberstufenschüler aus und ich entscheide mich ebenfalls dazu.

Was Luna wohl bei unserem Haus macht? Bestimmt nascht sie bereits an meinen Leckereien!

Ich schüttle den dummen Gedanken ab, weil mich mein Magen sonst nur noch mehr quält.

Das ist sie also: Jamies Schule!

Ich habe allein in den letzten Tagen einiges Gruseliges und Ekliges erlebt und beschließe daher, mir das Gebäude genauer anzusehen.

„Viel schlimmer kann es hier auch nicht mehr sein", miaue ich mir selbst Mut zu und nähere mich dem erstaunlicherweise freundlich wirkenden Horrorhaus.

Ich stehe vor dem Haupteingang und betrachte die säuberlich geräumte Einfahrt.

„Das war sicher Albert", bin ich auf mein Herrchen stolz, „so gründlich macht das sonst keiner!"

Am Boden erkenne ich eine aus Mosaiksteinen gefertigte Sonnenuhr, in deren Mitte eine dünne Metallstange schräg emporragt.

Zehn Uhr?

Ich erinnere mich an Jamies Stundenplan, der zu Hause am Kühlschrank hängt.

Wenn diese Uhr stimmt, müsste er gerade eine Doppelstunde Turnen haben!

Ich atme tief ein und fasse Mut: „Das Schicksal hat mich hierhergebracht ..."

Obwohl ich weiß, dass es eigentlich der Bus war, bin ich davon überzeugt, dass ich nicht grundlos hier bin. Mein Magen knurrt, als ich mich in Bewegung setze und auf das große, gelbe Gebäude zulaufe.

Ob Jamie in der Schule ein Leckerli dabeihat?

Das Loch in meinem Bauch muss mittlerweile riesig sein, sodass ich mir nicht sicher bin, ob ich noch klar denken kann.

Ich nähere mich der großen Glastür, die sich wie durch Zauberhand für mich öffnet, und mache ein erstauntes Gesicht. Dann betrete ich den Eingangsbereich jenes Ortes, vor dem ich mich immer gefürchtet habe.

Fürs Erste gar nicht so schlimm!

Ich erblicke mit meinen scharfen Katzenaugen einen Lageplan: „Turnsaal Knaben - 2. Obergeschoss“

Mann, zweiter Stock ... Als hätte ich heute nicht schon genug Sport gemacht.

Ich schleiche aufmerksam und vorsichtig die Treppen hoch und traue der harmlos wirkenden Situation vorerst nicht. Meine Ohren sind gespitzt, meine Augen fokussieren die Umgebung. Hinter jeder Ecke erwarte ich gemeine Lehrer, nervenaufreibende Kinder oder den tyrannischen Direktor. Für einen kurzen Moment bilde ich mir sogar ein, den alten Katerprofessor zu sehen, allerdings stellt sich die Gestalt als eine lebensgroße Kinderzeichnung an der Wand heraus.

Egal wer das gezeichnet hat, derjenige hat Talent!

Ich laufe nun seit geschlagenen zehn Minuten durch die Schule und habe bisher weder Jamie gefunden noch irgendjemand anderen in den Gängen getroffen. Dabei sollen hier über 50 Lehrer arbeiten und fast 700 Schüler gemeldet sein.

Ob die wohl gerade alle Pause machen?

Ich blicke durch einige der Glasscheiben, die die Gänge mit den Klassenräumen verbinden.

Hm, scheint alles friedlich zu sein.

In den meisten Klassen sitzen zahlreiche Schüler und lauschen gespannt einem Lehrer, in anderen arbeiten die Kinder selbstständig an Aufgaben und in einem Klassenraum herrscht sogar eine rege, aber disziplinierte Diskussion.

So schlimm ist es hier gar nicht!

Meine Vorstellung vom schlimmsten Ort der Welt fängt gerade an zu bröckeln, da ertönt plötzlich ein ohrenbetäubendes Geräusch. Die Schulglocke läutet und beendet offenbar die dritte Stunde. Sekunden später öffnen sich zahlreiche Klassentüren und unzählige Kinder stürmen schreiend aus den Klassen.

Und da ist sie wieder – meine Horrorvorstellung!

Ich sprinte zu einem großen Kopierer in der Nähe und verstecke mich dahinter.

„Yeah, Pause!“, ist einer der wenigen Wortfetzen, den ich in dem Chaos verstehe.

Und ich dachte, die Pause sei noch das Schönste an der Schule!

Aufgeregt beobachte ich das chaotische Treiben und obwohl sich die anfängliche Hektik schnell beruhigt, laufen unzählige kleine Menschen am Gang herum.

Verdammt!

Plötzlich erblicke ich im Augenwinkel am Ende des Flurs eine auffällig breite Holztür. Rechts und links davon befinden sich zwei Tische, hinter denen jeweils eine Glasscheibe in den riesigen Raum blicken lässt.

Das muss der Turnsaal sein!

Ich sehe aus der Entfernung einige Jungs in Jamies Alter, die gerade rund um einen Ball am Boden sitzen.

Ob da Jamie dabei ist?

Ich überlege.

Nochmals verdammt! Wenn ich doch näher ran könnte ...

Ohne das hohe Risiko, geschnappt zu werden, komme ich nicht zu diesen Scheiben. Noch immer hocke ich zwischen einigen Kabeln hinter dem Kopierer und prüfe die Umgebung hilfesuchend.

Da! Meine Rettung!

Von links nähert sich eine ältere Dame mit einem Rollwagen, auf dem sich oben zahlreiche Tablets befinden. Die untere Etage ist frei.

„Meine Mitfahrgelegenheit", miaue ich leise und denke dabei daran, heute bereits deutlich ekligere Transportmittel benutzt zu haben.

Kurz darauf ist der Wagen genau auf meiner Höhe.

Für Überlegungen ist jetzt keine Zeit!

Ich ergreife meine Chance und springe auf die rollende Tabletstation.

Perfekt! Nächster Halt: Turnsaal.

Im Kopf imitiere ich die seltsame Roboterstimme aus dem Bus und springe gute 15 Meter weiter von dem Wagen. Dann hüpfe ich auf einen der beiden Tische und verstecke mich hinter einem Korb voller Bälle.

Da ist Jamie!

Obwohl es gerade einmal einen Tag her ist, habe ich das Gefühl, den Jungen schon ewig nicht mehr gesehen zu haben. Ich drücke meine Vorderpfoten gegen die Glaswand und blicke hoffnungsvoll zu meinem Junior-Herrchen.

„Nächstes Jahr holen wir uns den Titel der Schulmeisterschaft“, höre ich durch die Scheibe einen kleinen Jungen dumpf zu Jamie sagen.

Oh je, er sieht nicht gerade fröhlich aus ...

„Mal schauen, ob ich dann noch im Team bin ... Ich werde das Fußballtraining in Zukunft wohl nicht mehr besuchen“, meint Jamie, als er sichtlich traurig aufsteht und mit voller Wucht gegen den Ball tritt.

Oh nein, ich hab‘s geahnt. Es war doch nicht alles eine Einbildung.

All meine Hoffnung auf eine Heimkehr geht im erneuten Läuten der Schulglocke verloren. Anschließend pfeift auch Jamies Turnlehrer und ruft seine Schüler zum Anstoß der zweiten Halbzeit. Ich blicke auf die Anzeige und muss erkennen, dass Jamies Team drei Tore im Rückstand ist. Langsam leert sich der Gang und ich springe traurig zu Boden.

„Das war’s dann – jetzt bin ich wohl endgültig eine Streunerin“, miaue ich leise vor mich hin.

Plötzlich höre ich von der Seite eine vertraute Stimme: „Ich weiß genau, wie du dich fühlst.“

Luna steht am Gang der Schule und blickt mir hilfsbereit in die Augen: „Ich habe dich im Bus davonfahren gesehen und gedacht, dass du vielleicht meine Hilfe brauchst."

Ach, wenn sie nur wüsste.

„Man sollte beim Busfahren nie hinten einsteigen, diese Türen gehen am seltensten auf", lächelt die Katze freundlich und versucht, mich aufzumuntern.

Traurig begleite ich Luna auf dem mittlerweile wieder leergefegten Flur Richtung Ausgang.

„Menschen können seltsam sein", tröstet mich die schwarze Katzendame weiter. „Und vergiss nicht: Du hast immer noch uns."

Anschließend erzählt mir Luna von ihrer Vergangenheit und bestätigt meine Vermutung, dass sie früher keine Streunerin war.

„Du hast also einmal bei den Kirchers gelebt?", frage ich neugierig.

„Ich war früher genauso wie du", erklärt Luna mit einem traurigen Blick. „Meine Familie und ich waren ein Herz und eine Seele ... Vor allem mein Frauchen Lina und ich."

In Lunas Augen sammeln sich Tränen.

Von welcher Frau redet sie da?

„Vor circa einem Jahr ist sie dann eines Tages einfach nicht mehr nach Hause gekommen ... Sie hatte einen schweren Unfall."

Luna bricht in Tränen aus und auch ich bekomme wieder feuchte Augen. Ich schmiege meinen Kopf an ihren.

„Seit damals ist alles anders. Hubert, also Herr Kircher, hat sich sehr verändert. Weißt du, er war nicht immer so verbittert. Und Noah hat seit damals jeden Tag die Nachmittagsbetreuung besucht und war fast nur noch abends zu Hause.“

Es folgt eine kurze Pause, die mir aber ewig lang vorkommt.

„Wir waren wirklich glücklich“, weint Luna und entschuldigt sich danach dafür. „Hubert hat seiner Frau sogar einmal eine extra angefertigte Steinfigur von mir geschenkt. Die steht heute noch auf der Terrasse.“

Oh!

Ich traue mich im Moment nicht, Luna zu beichten, dass die Statue wegen mir und Jamie in hunderte Teile zersprungen ist. Jetzt verstehe ich auch, warum Herr Kircher wegen der kleinen Steinfigur so wütend war. Bestimmt hat sie ihn an glückliche Zeiten erinnert ...

„Und dann bin ich weggelaufen und wurde nach nicht einmal einem Monat durch diesen dämlichen Köter Rokko ersetzt. Seit damals habe ich das Grundstück nie wieder betreten“, beendet Luna den Einblick in ihre traurige Vergangenheit.

In Anbetracht der gerade gehörten Geschichte male ich mir aus, wie mich Jamie und der Rest der Familie durch ein neues Haustier ersetzen. Ich schüttle mich und versuche zwanghaft, auf andere Gedanken zu kommen.

„Wir haben immer noch uns“, tröste ich mich selbst und gleichzeitig auch Luna.

17. Als mir etwas spanisch vorkommt

Luna und ich schleichen durch die völlig leeren Gänge der Schule und versuchen, auf andere Gedanken zu kommen. Man könnte meinen, es handle sich um ein Geistergymnasium, denn bis auf vereinzelte mahnende Worte von Lehrern dringt nichts zu den Gängen. Wir treffen auf unserem Weg nur einen einzigen Schüler, vor dem wir uns geschickt verstecken.

„Der sieht so aus, als ob er schon ganz dringend aufs Klo muss", kichere ich zu Luna und versuche, sie zum Lächeln zu bringen.

Ich habe mir oft Gedanken über den Ort Schule

gemacht, aber so hätte ich ihn mir nie vorgestellt.

„War doch ein netter Ausflug“, versucht auch Luna das Positive an diesem Vormittag hervorzuheben. „Gemeinsam ist man weniger allein.“

Ich lächle.

Kurz bevor wir den Ausgang erreichen, öffnet sich plötzlich eine Tür rechts vom Haupteingang.

„Da kommt jemand“, flüstert meine Freundin erschrocken.

Luna und ich schleichen rasch unter eine alte, abgesessene Couch, die im Eingangsbereich der Schule steht.

Schwarzes, ungepflegtes, gekräuseltes Haar ... Rehbraune, leuchtende Augen ... Den Typ kenne ich doch!

Ich kontrolliere die Hand des Mannes, um festzustellen, ob er wieder sein Smartphone mit Blitz als Waffe mit sich führt.

Alles im grünen Bereich.

Ich blicke zu Luna und berichte ihr von meinem kuriosen Aufeinandertreffen mit diesem Kerl.

Seltsam, vor Kurzem hat er noch für die Post gearbeitet und jetzt kommt er aus dem Raum der Schulwarte.

Neben dem Lageplan der Schule hängt in der Aula auch eine Übersicht der Mitarbeiter. Ich erblicke unzählige Lehrerfotos, ein Bild des Direktors und Fotos einer Handvoll anderer Angestellter.

Dann erkenne ich den Kerl: „Da, Schulwarte! Neben dem Foto von Albert, das ist er!“

„Tony Rogan“, liest Luna vor und liefert mit ihren

Lesekenntnissen den ultimativen Beweis dafür, keine Streunerin zu sein.

„Hä? Das ergibt doch keinen Sinn. Warum sollte der Mann als Postbote bei uns zu Hause aufkreuzen und gleichzeitig als Schulwart arbeiten?“ Ich sehe Luna verdutzt an.

„Vielleicht hat er zwei Jobs?“, mutmaßt sie, als ich ihr Genaueres von meinem Aufeinandertreffen mit diesem Herrn erzähle.

Ich überlege kurz und komme zum Schluss, dass das kaum möglich ist. Albert arbeitet jeden Tag sehr lange und ist danach immer katzenmüde.

„Ein zweiter Job als Postbote? So fleißig schaut er nicht gerade aus ...“, kontere ich Lunas Vermutung.

Wir beobachten Tony, wie er sein klingelndes Handy aus seiner Tasche kramt und abhebt.

„Ich bin unterwegs“, flüstert der merkwürdige Kerl in sein Telefon und nimmt die Treppen zum Ausgang.

Tonys auffälliges Verhalten weckt meine bei Katzen angeborene Neugier.

Irgendetwas kommt mir hier seltsam vor ...

Ich sehe meine Freundin verwirrt an und mache ihr deutlich, dass mit dem Kerl etwas nicht stimmt: „Wir müssen der Sache nachgehen. Hinterher!“

Auch Lunas Interesse scheint jetzt geweckt zu sein.

Wenige Momente später verlassen wir das Gebäude und werden von der grellen Sonne und dem weißen Schnee geblendet. Dieser Ort heißt vermutlich nicht umsonst „Sonnengymnasium“.

Als Luna und ich wieder klar sehen, steigt Tony gerade auf ein blaues Fahrrad und tritt in die Pedale. Sofort nehmen wir die Verfolgung auf.

Mann, hat der ein ordentliches Tempo drauf! Hat der Super-Winter-Spezialreifen?

Luna und ich haben alle Pfoten damit zu tun, dem blauen Mountainbike zu folgen und gleichzeitig nicht aufzufallen. Immer schneller fährt der Kerl und das leichte Gefälle der Straße hilft ihm noch dabei. Ich merke, wie mein Puls rast und meine Kraftreserven zur Neige gehen, doch meine Neugier ist stärker. Wie ein Gepard seine Beute jagt, versuche ich Tony zu jagen, doch es scheint aussichtslos. Der Abstand zum vor mir fahrenden Rad wird immer größer. Ich blicke mich um und erkenne, dass Luna bereits abreißt und langsam ausläuft. Dann beschließe ich, die Verfolgung abzubrechen, und bleibe stehen.

Verflixt!

Wenige Sekunden später kommt auch Luna bei mir an und ringt nach Luft: „Keine Chance!"

Ich ärgere mich über die bei Katzen angeborene, unsagbar starke Neugier und stimme Luna wortlos zu, als der seltsame Schulwart an den Straßenrand fährt und zum Glück vom Fahrrad absteigt.

Habe ich „zum Glück" gesagt?

Am Parkplatz entlang der Straße steht ein großes Postauto, in das Tony sein Fahrrad lädt und rasch einsteigt. Meine Zunge hängt mir aus dem Maul und ich hechle nachdenklich. Mittlerweile befinden wir uns wieder in der

Turnhergasse und ich erkenne am Ende der Straße unsere Häuser.

„Das war's dann wohl mit der Verfolgung", hechelt auch Luna, als der gelbe Lieferwagen losfährt.

Meine Freundin und ich bleiben erschöpft stehen und blicken dem Auto hinterher.

„Mann, ist mir heiß", miaut Luna und betrachtet ihre vom Matsch völlig verdreckten Pfoten. „Schau, wie wir aussehen!"

Luna schüttelt ihre Beine.

Nie im Leben hätte ich gedacht, dass auch mir im Winter im Freien einmal warm sein würde.

„Sei froh ..., dass wir dunkles Fell haben", kichere ich mit einer kurzen Atempause und kann mich kaum noch zurückhalten. „Stell dir mal Diego nach so einer Straßenverfolgung vor!"

Wir beide beginnen herzhaft zu lachen, als wir uns den völlig weißen Kater mit total verdreckten Beinen vorstellen. Gerade waren wir noch vor Anstrengung außer Atem und jetzt bleibt uns die Luft vor Lachen weg.

„Da!", miaut Luna plötzlich viel zu ernst für die Situation. „Das Auto hat angehalten!"

Der gelbe Postwagen steht am Ende der Turnhergasse am Straßenrand vor unseren Häusern.

Sofort sind Luna und ich wieder völlig konzentriert und erhalten einen regelrechten Energieschub.

„Los!", schnurre ich und setze zum wiederholten Mal an diesem Tag zum Sprint an.

18. Als ich den Tiger in mir wecke

Verdammt, hat der ein Brecheisen in der Hand?!

Alberts Arbeitskollege Tony steigt aus dem Wagen und versteckt die Eisenstange unter seiner Jacke. Dann überquert er die Straße und betritt meine Einfahrt.

„Ich hol den Code“, deutet er halblaut zum Fahrer des Postautos.

Was zur ...?

Luna und ich stehen noch ein wenig außer Atem einige Meter vom Lieferwagen entfernt am Gehweg und starren uns geschockt an. Mein kleiner Kopf arbeitet und ich versuche, eins und eins zusammenzuzählen.

„Die wollen uns ausrauben", fauche ich kurz darauf ängstlich in Lunas Richtung.

Plötzlich ergibt sowohl Tonys seltsamer Besuch als Postbote als auch mein mulmiges Gefühl, der Sache unbedingt nachgehen zu müssen, Sinn.

„Die haben uns ausspioniert!"

Ich laufe rasch hinter unser Haus und betrete es über meine kleine Katzenklappe in der Balkontür. Luna folgt mir zögerlich.

„Amy, lass das, das sind Einbrecher", miaut Luna mir zu. „Was willst du da ausrichten?"

Ich habe absolut keinen Plan und schleiche das erste Mal seit meinem Davonlaufen wieder auf sauber gewischtem Boden.

„Keine Ahnung, aber ich schulde es meiner Familie."

Ich kämpfe mich durch ein paar von Jamies Legosteinen, als es bei der Haustür plötzlich kracht.

„Ich bin drin", höre ich den Schulwart flüstern und weiß dieses Mal, dass er keine Selbstgespräche führt.

Der Einbrecher betritt das Vorhaus und mein Herz beginnt zu rasen.

Jetzt oder nie!

Selbstbewusst laufe ich ihm entgegen und stelle meinen Katzenbuckel auf.

„Chhhhhhh", fauche ich den Typ mit aller Kraft an.

„Da ist wieder die Mieze", sagt der Kerl, während er auf einem kleinen, handyähnlichen Teil einen Knopf drückt.

Hat er mich gerade „Mieze" genannt?!

„Vergiss die Katze“, schreit ein anderer Mann fast genauso zornig wie ich aus dem Gerät. „Hol den Code!“

Nach wie vor stehe ich mit geöffnetem Maul vor Tony und fauche lautstark, doch dieser zeigt sich unbeeindruckt.

„Die sind zwar nicht für dich gedacht, aber wenn du schön brav bist, bekommst du auch eines“, zeigt mir der unheimliche Typ kleine Leckerlis.

Mein Magen beginnt auf und ab zu hüpfen. Mittlerweile erinnere ich mich schon nicht einmal mehr an meine letzte richtige Mahlzeit. Ich schleiche in gebückter Haltung Richtung Einbrecher und kann an nichts anderes denken, als das Leckerli zu verspeisen. Der Geruch des kleinen Stücks Trockenfleisch steigt mir in die Nase.

Ob das so lecker ist wie meine Lieblingsnachspeise?

Meine Gedanken schweifen völlig ab und ich vergesse völlig, dass ich den Typen eigentlich hassen sollte.

„Brave Mieze“, flüstert der Kerl.

Ich nähere mich dem winzigen Stück Futter und schnuppere genauer daran.

Igitt! Ist das etwa ein Hundeleckerli?!

Von einer Sekunde zur anderen erinnere ich mich an meine Mission.

Das kannst du behalten!

Blitzschnell verdränge ich die Gedanken an Futter, stelle meinen Schwanz bedrohlich auf und fauche erneut: „Vielleicht fresse ich ja lieber dich!“

Wieder einmal bereite ich mich auf meinen berühmten Megasatz vor, indem ich meine Beinmuskulatur kräftig anspanne.

„Chhhhhhh“, springe ich den Einbrecher an und beiße mich zwischen seinem Zeigefinger und Daumen an seiner Hand fest, sodass das eklige Hundefutter zu Boden fällt.

„Ahhhh“, brüllt der Kerl und schüttelt mich so sehr, dass ich wenige Momente später gegen die Wand pralle. „Scheiß Vieh“, schreit der Mann fast genauso laut wie vorhin in meine Richtung.

Das geschieht dir recht!

Ich richte mich ein wenig benommen auf und laufe fluchtartig ins Stiegenhaus, als Tony kurz auf mich zutrampelt und dabei wild flucht. Luna hat sich mittlerweile hinter den Kartons unter der Treppe versteckt und zittert am ganzen Körper.

„Was ist da drin los?“, ertönt die metallische Stimme von Tonys offensichtlichem Komplizen.

„Die verfluchte Katze hat mich gebissen!“, nuschelt der Kerl, während er mit seinem Mund an meiner Bisswunde saugt.

Tony blickt schmerzerfüllt in unsere Richtung und betritt dann den Wohnbereich. Ich folge ihm unauffällig.

„Willst du uns verarschen?! Hol endlich den verdammten Code!“, kocht die Metallstimme fast vor Wut.

Von welchem Code reden die Kerle die ganze Zeit?

„Bin dabei, over!“

Tony setzt sich vor Alberts Laptop und greift kurz darauf auf die Daten unserer Überwachungskamera zu. Ich blicke mich nach Luna um und erkenne, wie sie noch immer verängstigt unter der Treppe im Vorhaus hockt.

„Alles wird gut“, miaue ich leise zu ihr, doch Luna reagiert nicht.

Mein ganzer Körper fühlt sich wie unter Strom an.

Was sucht der da?

Ich beobachte heimlich, wie der fiese Typ das Video unserer Überwachungskamera zurückspult.

Warum ist da die Einfahrt der Kirchers zu sehen? Albert hat die Kamera doch installiert, um unsere Einfahrt zu sichern ...

Ich überlege und beobachte Tony weiter.

„Da!“, freut sich der verräterische Schulwart wenige Sekunden später.

Er zoomt in das Video.

„1, 9, 0, 9, 1, 3 – Das ist der Code! 1, 9, 0, 9, 1, 3. Over“, grinst er in das kleine Funkgerät.

Ich erkenne am Bildschirm Herrn Kircher, der einen sechsstelligen Sicherheitscode eingibt und anschließend sein Haus betritt.

Verdammt, so dumm sind die gar nicht! Die haben unsere Überwachungskamera gedreht und dazu genutzt, den Sicherheitscode der Nachbarn auszuspähen. So können sie die Alarmanlage abschalten!

Völlig baff über diesen schlauen Schachzug erinnere ich mich daran, wie gut das Haus unserer betuchten Nachbarn gesichert ist. Noah hat in der Vergangenheit einmal seinen Schlüssel vergessen und wollte durch ein Fenster ins Haus steigen. Der anschließende Krach der ausgelösten Alarmanlage war nicht auszuhalten und nicht einmal fünf Minuten später waren damals bereits zwei

Polizeiwagen vor Ort.

Echt clever!

Tony bestätigt am Computer die Warnmeldung „Wollen Sie wirklich alle Überwachungsaufzeichnungen löschen?“ mit „Ja“, klappt den Laptop zu und steckt ihn anschließend in eine große Tasche. Dann steht er auf.

Schnell weg hier!

Ich laufe zu Luna und stoße sie leicht, um sie aus ihrer Schockstarre zu befreien.

„Hier rein, klettere hier rein!“ Ich deute mit dem Kopf auf die seitliche Trageöffnung des größten Kartons unter der Treppe und beobachte den Einbrecher, der gerade einige unserer Sachen in seine Sporttasche packt.

Heilige Katzenstreu, hoffentlich reißt sich der Typ nicht auch mein Katzenspielzeug unter den Nagel!

Ich folge Luna in die Schachtel, schüttle meinen lächerlichen Gedanken ab und versuche, mir einen Plan auszudenken.

„Viel ist hier nicht zu holen“, funkt Tony nach draußen. „Die Meiers sind nicht gerade reich.“

Tony nimmt das Funkgerät von seinem Mund und betritt wieder das Vorhaus.

„Egal, das große Geld gibt’s hier, wir sind schon drin. Warte im Wagen!“

Luna und ich verstecken uns still in der Schachtel mit Zeug, das wir von Alberts Vater bekommen haben.

„Die brechen auch in euer Haus ein“, flüstere ich meiner Katzenfreundin zu.

Langsam erwacht Luna aus ihrer Schockstarre und

miaut leise: „Das müssen wir verhindern.“ Dann flüstert sie etwas von „Schmuck“, „Bargeld“ und „wertvollen Gemälden“, doch ich bin abgelenkt, weil sich irgendetwas nähert.

Plötzlich werden Luna und ich in dem Karton durchgeschüttelt.

„Münzsammlungen, Briefmarkenalben, Kameras, Erinnerungen“, liest die Stimme des Einbrechers den Aufkleber auf dem Karton, in dem sich Luna und ich befinden. „Das kommt schon allein deswegen mit, um dem immer korrekten Albert eines auszuwischen.“

Tony lacht und hebt die Schachtel hoch.

„Vielleicht ist ja sogar etwas Wertvolles dabei!“, redet er dieses Mal wirklich mit sich selbst.

Ich spähe durch den Trageschlitz des Kartons und sehe neben den dicken Wurstfingern des Verbrechers, dass wir das Haus verlassen. Als wir die Einfahrt betreten, spiele ich kurz mit dem Gedanken, dem Kerl nochmals mit aller Kraft in die Finger zu beißen.

Zu riskant!

Luna kauert sich wieder verängstigt zusammen und legt ihre Ohren an. Wenige Augenblicke später befinden wir uns im Laderaum des Wagens und es wird dunkel.

Verdammt, jetzt sitzen wir in der Falle!

19. Als Luna auf dem Schlauch steht

„Ahhh! Hilfe, lasst mich los! Hilfe, Hilfe!“, höre ich eine kindliche Stimme außerhalb des Postautos rufen.

Ist das Jamie?!

Ich spitze meine Ohren, um die Laute noch einmal genau zu überprüfen, denn an Schultagen ist um diese Zeit in der ganzen Siedlung eigentlich nie jemand zu Hause.

„Das ist Noah!“, richtet sich Luna besorgt auf und stößt sich ihren Kopf an dem Kartondeckel. „Sie haben Noah!“

Oh Mann, kann der Tag noch schlimmer werden?

Plötzlich wird die Tür zum Laderaum des Wagens aufgerissen und die Schreie werden lauter.

„Was soll das, seid ihr verrückt?“, flucht Tony durch das kleine Gitter aus der Fahrerkabine, als die anderen beiden Kerle mit zwei Gemälden, einer Tasche und dem Jungen einsteigen.

„Fahr los, der Bengel wird gleich schweigen!“

Ich sehe durch den Griff im Karton, wie die Männer Noah Klebeband auf den Mund kleben, seine Augen verbinden und seine Hände knebeln.

„Verflucht, seid ihr wahnsinnig?!“, ertönt es abermals lautstark vom Fahrersitz. „Was habt ihr vor?!“

Die beiden Kerle im Laderaum lachen.

„Der Bengel ist zur falschen Zeit nach Hause gekommen und hat uns fast alles vermasselt! Sei kein Feigling, das war Schicksal!“

Ich sehe einem der beiden vermummten Typen ins Gesicht und erkenne die Dollar-Zeichen in seinen Augen.

„Der alte Kircher wird ein ordentliches Lösegeld zahlen, dann können wir in Rente gehen!“, lacht der offensichtliche Anführer der Bande fies.

Neben unserem Karton gibt Noah vergeblich leise Laute von sich. Langsam wird er ruhiger und auch mein Puls beruhigt sich.

Was soll ich nur tun?

Schon zum wiederholten Mal an diesem Tag werde ich auf einer rasanten Fahrt hin und her geschüttelt. Luna und ich haben große Mühe, uns auf den Beinen zu halten.

Wenn ich doch bloß wüsste, was wir tun könnten.

Wenige Minuten später wird es im ohnehin schon

dunklen Laderaum noch dunkler und der Wagen stoppt. Kurz darauf öffnet sich die Kofferraumtür. Noah, der nun kaum mehr Geräusche von sich gibt, wird aus dem Auto gehoben und weggetragen. Abermals blicke ich durch die Öffnung im Karton.

Moment ... Diesen Ort kenne ich. „Luna, wir sind in eurer Lagerhalle!"

Tony entlädt das Diebesgut und kurz darauf wird auch unsere Schachtel aus dem Wagen in einen kleinen, dunklen Raum gebracht. Er stellt den Karton auf den Boden.

„Und jetzt?", höre ich den einzigen mir namentlich bekannten Einbrecher fragen.

Meine Katzeninstinkte sagen mir, dass Tony dieser Situation nicht wirklich gewachsen ist. Ich fühle seine Angst.

„Jetzt, lieber Tony, ist Zahltag", lacht der größte der drei Gauner böse.

Ich höre, wie einer der drei Fotos mit seinem Handy macht und einen längeren Text eintippt.

„Wie lauten eure Schul-Mail-Endungen noch einmal?", fragt der Anführer Tony. „Tipp Kirchers Mailadresse ein!"

Er reicht Tony sein Telefon und ich erinnere mich an einen spannenden Fernsehabend mit Albert – da gab es in einem Film eine ähnliche Situation. Offensichtlich haben die Entführer jetzt vor, Lösegeld von Herrn Kircher zu erpressen.

„Und du hast noch gelacht und gesagt, dass wir kein Wegwerfhandy brauchen werden", witzelt der riesige Kerl zu seinem Kollegen.

Kurz darauf verlassen die drei Kriminellen den kleinen Raum.

Unsere Chance!

Wir klettern aus der Kiste und Luna läuft sofort zu ihrem Noah.

„Was haben sie dir nur angetan?“, miaut die Katze zu dem verängstigten Jungen.

Meine Freundin springt auf Noahs Schoß und reibt ihren Kopf an seinem Shirt.

Wow, das war knapp!

Noah hat sich durch den unangekündigten Sprung so erschrocken, dass er mit dem Stuhl fast nach hinten umgekippt wäre.

„Hh hm! Hm hm hmm!“ Der Junge gibt unverständliche Laute von sich.

Zwecklos, man versteht kein Wort.

Ich untersuche den Raum genau und überlege.

Wir brauchen einen Plan!

Wie angewurzelt stehe ich da, während Luna zu Boden springt und beginnt, an Noahs Fesseln zu beißen. Ich bemerke an der Rückwand des Raumes in einigen Metern Höhe ein kleines, geschlossenes Fenster. Mein Kopf arbeitet angestrengt und wird dabei von Noahs seltsamen Lauten und Lunas Knabbergeräuschen gestört.

Ich hab‘s!

Ein Geistesblitz durchfährt meine Gedanken.

„Pscht, sieh mal!“, miaue ich aufgeregt zu Luna. „Da!“

Ich deute auf das kleine Fenster und gehe im Kopf nochmals meine Idee durch.

Luna schaut mich verwundert an: „Willst du etwa über dieses Fenster abhauen ...?“ Sie schüttelt den Kopf: „Noah kommt da nie hoch. Und ich gehe nicht ohne ihn!“

Abermals springt meine Katzenfreundin auf Noahs Schoß und versucht mit dem Maul, seine Augenbinde herunterzuziehen.

„Lass das!“, fauche ich wohl ein wenig zu aggressiv, sodass sowohl Luna als auch Noah zusammenschrecken. Ich denke an den Katzenkodex und miaue aufgeregt: „Was jetzt passiert, sollte der Junge lieber nicht sehen.“

Luna schaut mich erschrocken und neugierig zugleich an und ich wundere mich selbst, wie gruselig ich mich gerade angehört habe.

„Siehst du den großen Kirchturm?“, frage ich sie.

Ich hebe meine Pfote und zeige auf das kleine Fenster. „Er ist eines der Wahrzeichen der Stadt – den kennt jeder, selbst wenn er nicht aus dieser Gegend ist.“

Immer noch schaut mich Luna so an, als ob ich verrückt wäre.

„Die Stricke sind zu dick, Luna, wir müssen Hilfe holen“, deute ich meinen Plan an.

Wie aus dem Nichts durchströmt Energie meinen Körper und ich komme mir wieder wie eine Superheldin vor.

„Menschenhilfe“, verdeutliche ich meine Meinung. „Und ich weiß auch schon wie!“

Ich springe gekonnt durch den kleinen Trageschlitz der Kartonschachtel und stemme meinen ganzen Körper gegen die oberen Laschen, um die Box zu öffnen.

So weit so gut!

Luna sitzt mittlerweile wieder am Boden und blickt abwechselnd fragend zu mir und zum Fenster.

„Was hast du vor?“, miaut die schwarze Katze hilfsbereit.

Ich krame im Karton und finde unter einigen Fotos, was ich suche.

„Wir erstellen einen menschenfreundlichen Hinweis!“

Mein Puls rast und ich komme mir unbesiegbar vor.

Vorsichtig kippe ich mein Fundstück und bringe es in die richtige Position.

„So müsste der Winkel stimmen! Aus dem Weg, Luna!“

Ich betätige eine große, runde Taste auf Opa Heinz‘ alter Sofortbildkamera. Die Geräusche und der Blitz dieses Fotoapparats haben mich vor ein paar Wochen beim Chillen in der Kartonschachtel beinahe zu Tode erschreckt, als das Ding versehentlich losging. Später habe ich in der Box dann ein Foto von mir gefunden, das ich ohne Umwege entsorgen musste. Mann, hat das schrecklich ausgesehen!

Auf der Rückseite der alten Kamera beginnt ein grünes Lämpchen zu leuchten.

„Augen zu, Luna!“

Ich drücke den runden Knopf erneut und die Kamera feuert. Wenige Sekunden später fährt ein kleines Fotopapier aus dem Gehäuse. Ich ziehe es mit dem Maul heraus und betrachte es ungläubig.

„Was zum ...?“, miaue ich undeutlich.

Ich blicke ungläubig auf die weiße, glänzende

Oberfläche des Papiers und neige meinen Kopf. Auf dem quadratischen Foto ist absolut nichts zu sehen.

Verdammt, ich war mir so sicher, dass es funktionieren würde!

Ich will das leere Fotopapier gerade loslassen, als Luna mich erfreut auf das auftauchende Bild hinweist: „Sieh nur!“

Ja! Ich bin ein Genie!

Wenige Augenblicke später erkennt man auf dem Foto bereits deutlich den Jungen und im Hintergrund im Fenster den Kirchturm!

Der perfekte Hinweis für einen Menschen!

Ich springe auf die Türschnalle des Raums und stoße die Tür nach außen auf.

„Bleib bei Noah, ich hole Hilfe“, nuschle ich mit dem Bild zwischen meinen Zähnen und schleiche dann an den Entführern vorbei ins Freie. Wieder liegt ein weiter Fußmarsch vor mir.

Mann, wenn das so weitergeht, brauche ich in meinem nächsten Leben einen Führerschein – und ein Auto!

20. Als ich über meinen Schatten springe

Puh, wenn das vorbei ist, muss ich unbedingt an meiner Fitness arbeiten!

Als ich in unserer Straße ankomme, herrscht dort hektisches Treiben. In unserer Einfahrt steht ein Polizeiwagen und zwei Polizisten sprechen gerade mit Albert. Scheinbar schreiben sie einen Bericht.

Ob bei den gestohlenen Sachen auch etwas von meinem Katzenspielzeug dabei ist?

Zum wiederholten Mal erwische ich mich bei lächerlichen Gedankenspielen und versuche, mich wieder zu konzentrieren.

Was zum heiligen Kater?

Ich erreiche unser Haus und was ich von dort erblicke, habe ich bis jetzt nur in Actionfilmen gesehen! Vor der Villa der Kirchers stehen mehrere Polizeiautos mit Blaulicht und zwei große schwarze Vans. Im Haus scharen sich Polizisten, die hektisch an verschiedenen Geräten arbeiten. Ich verlasse die Straße und stapfe durch den Schnee Richtung Nachbargrundstück.

„Chrrrrr, hrrrrr, hrrrrr."

Ich zucke zusammen. Hinter dem Grundstückszaun liegt der Nachbarshund Rokko auf dem Rücken, schläft und schnarcht wie ein Weltmeister. Die Bulldogge wälzt sich zur Seite und sabbert in den Schnee.

Von wegen Wachhund – da soll noch einmal jemand behaupten, Hunde seien bessere Aufpasser als Katzen!

Ich betrachte den ausgeknockten Köter und überlege kurz.

Ob er diese seltsamen Hundeleckerlis der Einbrecher gefressen hat ...?

Froh darüber, dass ich Hundeleckerlis schon aus Prinzip nicht leiden kann, springe ich aufs Fensterbrett der Nachbarn und sehe Herrn Kircher, der in seinem Couchsessel sitzt. Rund um ihn sind mehrere Polizisten und eine Frau, die dem älteren Herrn mit graumelierten Haaren offensichtlich gerade den Blutdruck misst.

Was nun?

Immer noch halte ich das Foto von Noah in meinem Maul.

Da, Jamie!

Der Junge sitzt allein in der Küche unseres Hauses.

Er wird mir sicher helfen!

Blitzschnell laufe ich zu unserer Haustür und bin auf mein Tempo stolz. Ich schlüpfe durch meine Katzenklappe und renne in die Küche. Ohne zu zögern, springe ich auf den Tisch und lege Jamie das Foto der Sofortbildkamera vor die Nase.

„Amy!" Der Junge hebt mich hoch und drückt mich ganz fest an sich: „Ich habe mir solche Sorgen gemacht, wo warst du?"

Ich freue mich wie nie zuvor, den Jungen zu sehen, und möchte nie wieder von ihm getrennt sein, bin in Gedanken aber bei meiner Katzenfreundin.

„Und wie siehst du denn aus? Ganz matschig", lacht er und versucht, meine Pfoten zu säubern.

„Miau, miau!", versuche ich Jamie klarzumachen, dass für eine Katzenwäsche jetzt keine Zeit ist.

Ich befreie mich aus den Armen des Jungen und stupse mit meinem Näschen gegen das Foto.

Mein Junior-Herrchen hebt das Bild hoch und runzelt die Stirn: „Das ist Noah!"

Mittlerweile hat wohl auch Jamie von der Entführung des Nachbarsjungen erfahren und sieht mich fragend an: „Woher hast du das?"

Von einer Sekunde zur anderen ist Jamie voll konzentriert und bei der Sache. Ich wusste, dass der Junge der Richtige für den Job ist.

„Komm, lass es uns deinem Vater sagen", miaue ich und als ob Jamie mich verstehen würde, springt er auf und läuft nach draußen.

„Papa, Papa!“ Der Junge läuft so schnell, dass ich mich sputen muss. „Das musst du dir ansehen!“

Jamie springt aufgeregt neben seinem Vater auf und ab und fuchtelt mit dem Bild herum.

„Jetzt nicht, Jamie“, wendet Papa Albert sich von seinem Sohn ab.

Komm schon Albert, das ist wichtig!

Ich stehe angespannt neben dem Jungen.

„Aber Dad! Amy ist wieder da und hat ...“

Albert unterbricht seinen Sohn forsch: „Ich sagte: jetzt nicht! Es ist schön, dass Amy wieder da ist, aber die Erwachsenen haben jetzt andere Probleme! Geh ins Haus!“

Papa Albert deutet mit dem Zeigefinger auf die Haustür und wendet sich wieder dem Polizisten zu: „Bitte entschuldigen Sie, unsere Katze war heute Nacht nicht zu Hause und ist offensichtlich gerade wieder aufgetaucht.“

Mann, wie begriffsstutzig Erwachsene manchmal sind. Albert erklärt den Polizisten die Aufregung seines Sohnes völlig falsch. Jamies Augen werden feucht und er betritt geknickt das Haus.

Nein! Nein! Was machst du, Jamie? Wir müssen etwas unternehmen!

Ich folge dem Jungen und miaue so laut wie nie zuvor.

Jamie wischt sich die Tränen aus dem Gesicht und schnappt sich seinen blitzgelben Helm von der Garderobe.

„Bereit, Amy?“, sieht mich der Junge hoffnungsvoll an.

Bereit? Bereit wozu?

Ich neige meinen Kopf zur Seite und betrachte mein

Junior-Herrchen mit großen Augen.

„Wir retten Noah!“, fügt der Bub energisch hinzu und zieht seine Stiefel und seine Winterjacke an.

„Was ...?! Du und ich?“, schnurre ich und hoffe, den Jungen damit umzustimmen. „Allein?!“

Jamie scheint wild entschlossen und schleicht in Richtung unserer Garage.

„Das am Foto muss die alte Lagerhalle der Post sein – direkt neben dem Kirchturm und meiner alten Volksschule“, zeigt Jamie auf das Bild und erklärt mir, was ich ohnehin weiß. Ich bleibe ihm dicht auf den Fersen.

In der Garage angekommen schnappt Jamie sich sein Fahrrad und blickt mich erwartungsvoll an: „Bist du dabei?“

Mein ganzes Superheldengefühl ist plötzlich verschwunden, denn mein Plan verläuft nicht gerade so, wie ich mir das vorgestellt habe. Immerhin haben wir es hier nicht mit einem dummen Köter zu tun, sondern mit drei echten Verbrechern!

Ob das nicht eher ein Job für Profis ist?

Ich stehe völlig ratlos neben Jamie und schaue dem Jungen ins Gesicht.

„Wir schulden es Papa. Wegen uns verliert er seinen Job ... Das ist unsere Chance, alles wieder gut zu machen!“

Jamie scheint nun dieses Superheldengefühl zu haben, das bei mir gerade verflogen ist. Ich überlege kurz und komme zum selben Ergebnis wie der Junge: meine Chance, alles gut zu machen. Außerdem habe ich Luna versprochen, sie nicht im Stich zu lassen.

Der Heldenmut ergreift mich erneut. Auch Jamie ist wild entschlossen und öffnet die Garagentür. Er atmet tief ein und tritt in die Pedale. Im letzten Moment springe ich in den Korb, der am Lenker seines Fahrrads befestigt ist, und die Fahrt geht los.

Ob das gut geht ...? Immerhin muss ich dieses Mal nicht selbst laufen!

21. Als die Katzengang unter einer Decke steckt

„Quietsch!“

Gerade profimäßig sind wir nicht ausgerüstet, denn Jamies Fahrradbremsen geben bei unserer Ankunft vor der alten Lagerhalle ein ohrenbetäubendes Geräusch von sich.

„Schhhh“, flüstert mir der Junge zu, als ob ich das Geräusch erzeugt hätte, „da muss es sein.“

Volltreffer, der Junge hat echt Ahnung davon, was er tut.

Jamie steigt vom Fahrrad und setzt mich auf seine Schulter. Dann schleichen wir zur Lagerhalle, deren Rolltor noch immer geöffnet ist, und mein zu Beginn mulmiges Gefühl verfliegt langsam.

„Hör doch, Amy! Hörst du das?“

Im riesigen Gebäude hallen die Stimmen der drei Verbrecher, die sich über die Entführung von Noah offensichtlich noch immer nicht einig sind.

„Ihm passiert schon nichts. Sobald wir die Kohle haben, lassen wir ihn frei!“, bringt der blondhaarige Anführer der Bande Tony zum Schweigen.

„Der alte Kircher hat doch genug – das hast du selbst gesagt. Das ist leicht verdientes Geld“, mischt sich auch der dritte Mann ein.

Am Ende der Lagerhalle kann ich bereits vom Eingang den kleinen Raum sehen, in dem sich Noah befindet. Die Tür ist nach wie vor einen Spalt offen und ich hoffe, dass die Entführer noch nichts bemerkt haben.

Zwischendurch sind leise, unverständliche Geräusche aus dem Zimmer zu hören.

„Sieh mal, Amy, der Schatten an der Innenseite der Tür. Da müssen sie Noah verstecken“, deutet Jamie mit seinen dünnen Fingern auf den kleinen Raum am anderen Ende der Lagerhalle.

Wow, der Junge hat’s echt drauf! Wenn der nicht einmal Detektiv wird, dann weiß ich auch nicht.

Jamie zückt sein Smartphone und versucht, es zu entsperren.

„Mann, verdammte Sperre! Warum muss Papa mein Handy an Schultagen immer so lange deaktivieren?“

Der Junge steckt das Gerät weg und blickt nachdenklich in die Halle.

„Wir sind auf uns allein gestellt." Jamie flüstert besonders leise und beobachtet in der Ferne die drei Entführer.

„Du musst für Ablenkung sorgen, Amy, dann kann ich Noah retten." Jamie sieht mich erwartungsvoll und mit fester Überzeugung an.

Da erblicke auch ich jemanden, allerdings nicht unsere Feinde, sondern zwei gute Freunde.

Wir sind nicht allein!

Ray und Diego torkeln wie gerufen aus einer der großen Kisten und strecken sich.

Ich schleiche an Jamie und einigen Schachteln vorbei und nähere mich den beiden leise.

„Amy, wo warst du so lange?", gähnt Ray mir verschlafen entgegen. „Und wo ist Luna?"

„Nicht so laut Jungs, ich brauche eure Hilfe", flüstere ich ihnen ganz leise zu. „Für lange Erklärungen ist jetzt keine Zeit. Mein Herrchen und ich brauchen ein Ablenkungsmanöver für die drei Menschen da hinten. Sie haben einen Jungen entführt."

Ich deute mit dem Kopf in Richtung der Entführer, doch Diego sieht mich verdutzt an: „Und wieso sollten wir einem Menschen helfen?"

Oh Mann ... Ich habe ganz vergessen, dass Streuner nicht gerade gut auf Menschen zu sprechen sind. Ich muss mich wohl deutlicher ausdrücken.

„Sie haben auch Luna, wir brauchen wirklich dringend eure Hilfe", versuche ich mein Glück erneut.

Sofort setzt Ray sein gruseliges Grinsen auf, das mich erschreckt, obwohl ich es bereits kenne: „Sag das doch gleich, die machen wir fertig!"

Diego nickt und die beiden verschwinden hinter den herumliegenden Kartons.

Was sie wohl vorhaben?

Ich verlasse mich auf die beiden und kehre zurück zu Jamie, der sich hinter einer riesigen Kiste versteckt.

„Hm, das habe ich mir anders vorgestellt", ärgert sich Jamie, als ich wieder bei ihm ankomme. „So komme ich nie an diesen Kerlen vorbei."

Jamie nimmt mich hoch: „Es tut mir leid, ich habe wohl zu viel von dir erwartet ..."

Kommt schon Jungs, was treibt ihr?

Ich warte hoffnungsvoll auf irgendeine Art von Ablenkungsmanöver ...

„Patsch!!!"

Plötzlich erklingt ein lauter Knall in der Nähe der Entführer.

Was war das?!

Tony schaut sichtlich nervös die anderen beiden Verbrecher an, nachdem wenige Zentimeter hinter ihm eine große Holzkiste gelandet ist.

„Pack!", abermals klatscht eine Box direkt neben Tony auf den Boden.

„Verdammt, was ist das?!", flucht der Einbrecher, während er hilfesuchend zu seinen Kollegen huscht.

Ich blicke mich um und sehe auf einem hohen Regal Diego, der die zwei Schachteln hinuntergestoßen hat. Tony scheint völlig aus dem Konzept zu sein, doch die anderen beiden lassen sich davon leider nicht wirklich ablenken.

„Mach dir nicht ins Hemd, Tony, das war nur eine Katze!“, lacht der größte der drei Entführer.

Der weiße Kater verzieht sein Gesicht.

„Kater!“, faucht er sichtlich wütend.

Selbst wenn ihn die Menschen nicht verstehen, Diegos Gefühlszustand ist mit Sicherheit angekommen. Jamie beobachtet die Situation und wartet geduldig auf einen passenden Moment, um unbemerkt zu Noah zu gelangen.

Gebt euch mehr Mühe, Jungs!

Noch immer hält mich Jamie in seinen Armen und drückt mich fest an sich. Mein Kopf arbeitet auf Hochtouren. Ich überlege, wie ich Ray und Diego dabei helfen könnte, uns zu helfen.

Mann, ist das Ganze kompliziert!

Jamie und ich spähen hinter der großen Kiste zu den Entführern.

Da!

Plötzlich schießt mir eine geniale Idee in den Kopf.

Der Autoschlüssel!

Ich befreie mich aus Jamies Armen, springe zu Boden und laufe schnurstracks auf die Entführer zu.

„Diego, noch eine Kiste!“, miaue ich ganz laut und Sekunden später knallt die dritte Schachtel lautstark auf den Boden der Lagerhalle.

Wieder blicken die Entführer für kurze Zeit in die Richtung des Geräuschs und ich nutze meine Chance. Ich springe wie ein Jaguar auf den Arm des Anführers und beiße ihm mit voller Kraft in die Hand, in der er den

Autoschlüssel hält. Sekundenbruchteile später fällt der Schlüssel zu Boden.

„Aua, die verfluchte Katze hat mich gebissen! Sind wir hier im Zirkus?!“, brüllt der starke Kerl plötzlich nicht mehr so stark.

Ich schnappe mir den Schlüssel und laufe um mein Leben.

„Das ist die verdammte Katze der Meiers!“, ruft Tony und nimmt meine Verfolgung auf, „die hat mich vorhin auch schon gebissen!“

So weit so gut!

Kurz darauf habe ich auch die anderen beiden Entführer im Nacken und ich renne, als gäbe es kein Morgen mehr. Ich schlage mehrere Haken und laufe an der vereisten Stelle neben dem großen, kaputten Fenster vorbei. Ich spüre die eisige Zugluft und erinnere mich an die peinliche Einlage, die ich hier hingelegt habe.

Ob die drei Typen auch so talentiert im Eiskunstlaufen sind?

Ich wende, laufe wie der Blitz auf die Eisplatte zu und springe kurz darauf in hohem Bogen über die vereiste Stelle.

Und?

Ich sehe mich um.

„Quiiiiietsch! – Pack, bumm, beng!“

Entführer Nummer eins ist ausgerutscht und mit voller Wucht in einige Kisten gekracht. Er bleibt bewusstlos liegen.

Ja! Da waren es nur noch zwei! Die Einlage hat zwar

nicht so witzig ausgesehen wie meine, aber ich habe mein Ziel erreicht.

Ich erblicke im Augenwinkel, wie Jamie sich zum kleinen Raum schleicht und ihn betritt.

Los Jamie, rette Noah!

Mittlerweile hat Luna das Zimmer verlassen und ist mir ebenso wie Ray dicht auf den Fersen. Einer nach dem anderen übernimmt den Schlüssel für kurze Zeit und läuft die beiden verbliebenen Fieslinge schwindlig.

„Was zum Teufel? Das kann nicht sein ... Haben sich die Katzen gegen uns verbündet?!“, keucht der Anführer.

Haha, Blitzgneißer ... klar haben wir! Wir verstoßen mit dieser katzenuntypischen Aktion zwar gegen den Katzenkodex, aber mal ehrlich: Wer wird drei Verbrechern Glauben schenken?

„Was jetzt, Amy?“ Luna läuft neben mir und sieht mich erwartungsvoll an.

Ähm ... weiter habe ich noch nicht geplant.

„Folgt mir, Ladys“, schnurrt Ray selbstbewusst. „Ihr vergesst, für mich ist das ein Heimspiel!“

Noch immer kleben uns Tony und der Anführer der Bande im Nacken.

Mann, was für ein seltsames Katz-und-Maus-Spiel. Dieses Mal bin ich die Gejagte!

Erstmals in meinem Leben hoffe ich, dass die „Maus“ aus diesem Spiel als Sieger hervorgeht.

Was Ray wohl vorhat?

„Los, versteckt euch!“ Raymond springt ein Regal mehrere Stellagen hoch, legt den Schlüssel auf die oberste

Ablage und beginnt, höhnisch zu miauen.

„Verdammt, komm da runter!“ Der Boss der Bande scheint innerlich bereits zu kochen: „Wenn ich euch erwische, dann Gnade euch Gott!“

Wie ein Affe springt der verrückte Kerl auf das Regal und beginnt, daran hochzuklettern. Luna und ich hocken geduckt hinter einer Kiste und beobachten, wie Raymond sich ganz oben am Gestell amüsiert.

Plötzlich ertönt ein lautes Knacken.

„Sieh nur Luna, das Regal bricht zusammen!“, miaue ich aufgeregt.

Wenige Augenblicke später bricht eine dicke Wand aus Holzkisten, Staub, Styroporkugeln und Regalteilen über den Boss der Gang herein und begräbt ihn unter sich.

„Kinderspiel!“, gibt Ray an, nachdem er mit einem Satz auf den Boden gesprungen ist. „Das Regal ist schon seit Monaten instabil.“

„Klasse Aktion, Ray!“, schnurrt Diego von der Seite und trampelt über den halb begrabenen, bewusstlosen Kerl in unsere Richtung.

Wieder ergreift mich dieses Gefühl der Unbesiegbarkeit.

Bleibt nur noch Tony!

Ich drehe mich um und erkenne den verängstigten Schulwart, der das Ganze gerade beobachtet hat.

„Bbbbitte“, stottert der Angsthase, „ich tue euch nichts und ihr lasst mich auch in Ruhe.“

Ray, Diego, Luna und ich schleichen zu viert auf Tony

zu, der sich langsam nach hinten bewegt.

„Brave Miezen“, versucht er uns zu beruhigen, macht die Situation damit aber nur noch schlimmer. Jeder weiß doch, dass Katzen dieses Wort nicht ausstehen können.

„Schach miau!“, fauche ich Tony an.

Der ungepflegte Schulwart steht mittlerweile mit ausgestreckten Armen in einer der Ecken der Lagerhalle und zittert am ganzen Körper.

„Auf drei“, schnurrt Ray und bereitet sich auf einen Angriff vor, indem er seinen Körper tief auf den Boden drückt. Luna, Diego und ich tun es ihm gleich und fauchen wie nie zuvor.

„Eins, zwei ...“

Plötzlich kippt Tony um und klatscht mit einem Wumms auf den Boden.

Hä? Was war das denn?!

Tony liegt in der Ecke und bewegt sich keinen Millimeter. Luna nähert sich ihm langsam.

„Ist er tot?“, will ich wissen, als wieder einmal mein Mitgefühl zum Vorschein kommt.

„Nur k.o.“, miaut Luna, als sie an dem durchgeschwitzten Kerl schnuppert. „Für einen Verbrecher hat er wohl besonders schwache Nerven!“

Ray, Diego, Luna und ich beginnen lautstark zu lachen und ziehen uns zurück.

Jamie!

Am anderen Ende der Halle erkenne ich mein Herrchen. Noah humpelt ein wenig angeschlagen aus dem kleinen Raum und Jamie stützt ihn dabei.

„Klasse Arbeit, aber jetzt muss ich mit meinem Herrchen nach Hause. Kommt uns mal besuchen!“, miaue ich den beiden Katern fröhlich zu und laufe los.

Luna sieht mir kurz nach und blickt dann gerührt zu den beiden Katern: „Danke Jungs – danke für alles ... aber ich muss einfach mitgehen ...“

Raymond und Diego nicken verständnisvoll, dann folgt mir die schwarze Katzendame.

Als Luna und ich bei den beiden Kindern ankommen, zieht Jamie dem völlig durchgefrorenen Noah gerade seine Jacke an.

„Es wird alles wieder gut, Noah, mach dir keine Sorgen,“ flüstert der tapfere Junge.

Mann, keiner kann sich vorstellen, wie stolz ich gerade auf mein Herrchen bin!

Luna nähert sich Noah und der Junge bricht in Tränen aus.

„Bist du es, Luna?“

Meine Freundin schmiegt sich an den Buben und beginnt zu schnurren. Er hebt sie hoch und kuschelt seinen Kopf in ihr flauschiges Fell: „Du bist es wirklich, ich habe dich so sehr vermisst.“

Oh, was für ein Happy End!

Ich kämpfe mit den Tränen. Da werde auch ich von Jamie aufgehoben und von dem Jungen gekrault: „Das hast du spitze gemacht, Amy! Du bist die beste Katze der Welt!“

Ich schnurre laut, genieße den Moment und freue

mich für Luna, dass sie nach so langer Zeit endlich wieder zu ihrer Familie zurückkehrt.

Wir begeben uns langsam Richtung Ausgang und ich befürchte, wieder zu Fuß nach Hause laufen zu müssen. Wie bestellt höre ich Sekunden darauf die Sirene eines Polizeiwagens und wenig später stürmen Papa Albert und zwei Polizisten die Halle.

„Jamie! Was machst ...?!“

„Dad, wie hast du uns gefunden?“, freut sich Jamie und stoppt seinen Vater mitten im Satz ab. „Wir haben Noah gerettet!“

Albert erblickt Noah, sieht seinen Sohn verblüfft an und zeigt anschließend noch ein wenig ungläubig auf sein Handy: „GPS-Ortung.“ Er nimmt seinen Jungen und mich auf den Arm und einer der Polizisten hebt Noah und Luna hoch.

„Wir haben beide Jungs, Meier und Kircher“, spricht der andere Polizist in sein Funkgerät. Wenige Momente später steigen wir gerade in einen Polizeiwagen, als mehrere Polizisten die Halle stürmen und kurz darauf einen Entführer nach dem anderen in Handschellen abführen.

Was für ein Abenteuer!

22. Als ich den Tag vor dem Abend lobe

Jamie und ich steigen aus dem Wagen und ich genieße meine Streicheleinheiten.

Endlich wieder zu Hause!

Ich denke darüber nach, was ich in den letzten Tagen alles erlebt habe, und kann mir gar nicht vorstellen, dass ich nur eine Nacht von zu Hause weg war. Mir ist es wie eine Ewigkeit vorgekommen.

Wir betreten das Vorhaus und ich springe von Jamies Arm. An unserer Tür arbeitet gerade ein Mann, um sie zu reparieren.

Ob ich jetzt bis zu meiner Fütterungszeit am Abend auf mein Essen warten muss?

Mein Magen knurrt und ich fühle mich völlig ausgehungert.

Ich laufe in die Küche und suche meinen Fressnapf.

Verdammt, wo ist er?

Jamie folgt mir und lächelt: „Suchst du das?“ Er öffnet eine Lade und zeigt mir meinen Futternapf.

Mann, ich liebe diesen Jungen! Endlich können sich meine Sorgen wieder um die wichtigste Sache im Leben drehen: Futter!

Jamie richtet mir eine extragroße Portion und zwinkert mir zu: „Und weil du so brav warst, gibt’s dazu noch ein paar Leckerlis.“

Ich beginne zu mampfen und fühle mich wie im Himmel.

Nach dem Essen springe ich auf das Fensterbrett und sehe durch das geöffnete Fenster Albert und Herrn Kircher in der Einfahrt der Nachbarn. Rund um unsere Grundstücke wird es langsam still, denn ein Polizeiwagen nach dem anderen verlässt unsere Straße.

„Ich kann gar nicht ausdrücken, wie dankbar ich Ihnen und Ihrem Sohn bin, Herr Meier! Bitte verzeihen Sie mir mein Verhalten in den letzten Tagen“, entschuldigt sich Herr Kircher in der Ferne. „Ich kann mich glücklich schätzen, Sie als Schulwart an meiner Schule zu haben.“

Herr Kircher reicht meinem Senior-Herrchen die Hand: „Ich bin übrigens Hubert, und Sie bekommen selbstverständlich einen unbefristeten Vertrag."

Ich sehe, wie Albert zu lächeln beginnt, und freue mich riesig – Jamie und ich haben es tatsächlich geschafft. Auch Herr Kircher lächelt und sieht auf einmal überhaupt nicht mehr böse aus.

„Und da ich jetzt ohnehin ein Gehalt weniger zu zahlen habe und weiß, dass Sie in den letzten Monaten den Großteil der Arbeit erledigt haben, möchte ich dies gerne mit einer Gehaltserhöhung belohnen", spielt Herr Kircher auf die Verhaftung von Alberts Kollegen Tony an.

Albert strahlt über beide Ohren, bedankt sich bei Hubert und verabschiedet sich von unserem Nachbarn. Ich denke bereits an riesige Futterberge, die man für das zusätzliche Geld kaufen könnte, als ich im Fenster des Nachbarhauses meine Freundin erkenne. Luna scheint überglücklich zu sein und genießt es gerade sichtlich, von Noah gebürstet zu werden.

„Einmal Hauskatze, immer Hauskatze", schnurre ich, springe auf meinen Kratzbaum und lege mich hin.

Ich genieße die Anwesenheit meiner Familie und betrachte sie zufrieden. Sophie, Jamie und Marie sitzen auf der Couch, als Albert das Haus betritt und sich zu ihnen gesellt. Jamie beginnt, seiner Familie ausführlich von unserer spannenden Rettungsmission zu erzählen, und ich höre gespannt zu. Richtig stolz auf mich selbst und dennoch froh darüber, dass der Junge nicht alles gesehen hat, danke ich dem Heiligen Katzenkodex für mein traumhaftes Leben und döse vor mich hin.

Ein wenig später läuft der Fernseher und draußen dämmert es. Marie begibt sich in die Küche, richtet das Abendessen und ich wundere mich über mich selbst. Das erste Mal überhaupt habe ich absolut kein Interesse daran, das von Marie zubereitete Menschenfutter zu kosten.

„Geht euch schon einmal waschen, Kinder", höre ich Albert kurz darauf, als er aufsteht und seiner Frau in die Küche folgt.

Jamie hüpft auf und läuft dann hoch ins Bad. Sophie tut es ihm gleich und rennt ihrem Bruder in den ersten Stock nach.

Allein und doch nicht allein sitze ich im Wohnzimmer und schaue in den eingeschalteten Fernseher, in dem gerade eine Folge von „Tom und Jerry" läuft.

Ob irgendwo etwas Actionreicheres gesendet wird?

Ich laufe über die Fernbedienung am Couchtisch, wechsle den Kanal und lande bei den lokalen Nachrichten.

„SONDERNEWS: Entführung endet im Streifenwagen", lese ich in einem großen Banner am unteren Bildschirmrand.

Hey, die berichten über unsere Mission!

„Heute Nachmittag kam es im Bezirk Landsstadt zur Verhaftung von drei Entführern eines zehnjährigen Jungen. Die Männer im Alter zwischen 35 und 40 Jahren wurden in der alten Lagerhalle der Post von der Polizei festgenommen und werden momentan verhört. Inoffiziellen Angaben zufolge sollen die offensichtlich verwirrten Entführer bei der Verhaftung zu Protokoll gegeben haben, kurz zuvor von mehreren Katzen angegriffen worden zu sein. Die beiden ehemaligen Angestellten der Post sowie den Schulwart erwartet eine mehrjährige Haftstrafe."

Wow, klasse Bericht! Nur das mit den Katzen hätte man ein wenig mehr betonen können.

Ich springe auf die Couch und bin dann doch froh darüber, dass nicht mehr über unsere Katzenaktionen berichtet wurde. Schließlich muss unser Geheimnis gewahrt bleiben ...

Gerade, als ich mich hinlegen will, kommt Albert ins Zimmer und hebt mich hoch: „So verdreckt, wie du bist, hast du auf der Couch nichts verloren."

Er trägt mich in den ersten Stock, wo sich Jamie gerade ein Bad einlässt.

„Hier, Jamie, Amy kommt am besten gleich mit in die Wanne."

Oh Mann, das ist die Belohnung für meine Heldentaten?

Ich überlege, ob ich mich wehren soll, entscheide mich dann aber dagegen. Erstens bin ich wirklich schmutzig und zweitens bin ich viel zu müde, um jetzt einen Aufstand zu machen.

Albert setzt mich auf Jamies Beine ins warme Wasser und der Junge beginnt, meine Pfoten zu waschen. Ich versuche, das Bad so schnell wie möglich hinter mich zu bringen, und halte ganz still.

Papa Albert lacht gut gelaunt: „Na siehst du, Amy. Im Nu bist du wieder sauber."

Jamie grinst und gibt mir ein Küsschen auf meine Stirn.

Da kommt auch Sophie ins Badezimmer und zieht hektisch an Alberts T-Shirt: „Papa, Papa! Ich habe eine tolle Idee!“

Albert dreht sich um, bückt sich zu seiner kleinen Prinzessin und hört ihr aufmerksam zu.

„Wie wäre es, wenn wir uns einen Wachhund zulegen?“, quietscht die kleine Sophie vergnügt.

Ich schüttle meinen Kopf, um sämtliches Wasser aus meinen Ohren zu bekommen, und miaue laut: „Haha, guter Witz, Sophie.“

Ich beobachte Jamies und Alberts nachdenkliche Blicke und meine Katzeninstinkte ahnen Schlimmes.

Das war doch ein Witz, oder?

Abermals miaue ich lautstark, um meine Empörung auszudrücken, blicke Jamie in die Augen und bete, dass er seiner Schwester widerspricht.

„Ja, das wäre toll!“, ruft Jamie und sieht mich fröhlich an. „Habt ihr Amys Reaktion gehört? Sie hat mit ihrem Miauen auch sofort zugestimmt!“

Der Bub lacht und streichelt mir mit seiner nassen Hand über den Kopf. Albert nickt und zwinkert den beiden Kids zu.

Oh Mann! Wie sehr kann man sich eigentlich irren? Ich ärgere mich über mein Herrchen und stelle erstaunt fest, dass Menschen im Deuten unserer Katzensprache dank des Heiligen Katzenkodex auch nach Jahrtausenden des Zusammenlebens noch immer blutige Anfänger sind. Jamie, Sophie und Albert lächeln und ich beschließe zu schweigen, um nicht nochmals missverstanden zu werden.

Nachdenklich starre ich ins Leere.

Beruhig dich, Amy, und denk an den Titel des bekannten Brettspiels

Martin Stesl, geboren am 22.02.1992, ist ein AHS-Lehrer aus Klagenfurt am Wörthersee.
Seit seiner Jugend konnte er sich für das Schreiben begeistern und so gelang es ihm bereits mit 13 Jahren (2005), den Junior-Bachmann-Literaturwettbewerb zu gewinnen. Nach seiner schulischen Ausbildung absolvierte er ein Lehramtsstudium an der Alpen-Adria-Universität Klagenfurt und unterrichtete anschließend mehrere Jahre am Peraugymnasium in Villach.
Heute lehrt Martin Stesl am Ingeborg-Bachmann-Gymnasium in Klagenfurt Deutsch und Geschichte und ist dort im ständigen Austausch mit Kindern, denen er mit seinen Geschichten die Freude am Lesen und Schreiben näherbringen möchte.
Die Idee für seinen Debütroman „Auf die Pfoten, fertig, los!“ entstand, als seine **Katze Amy** eines Abends während seiner Unterrichtsvorbereitungen wiederholt über die Tastatur lief und sich als Autorin versuchte. Viele der kleinen Details in Amys erstem Abenteuer stammen aus dem Leben der echten Stubentigerin.

Lea Kandorfer, geboren als Lea Jank 1994 in Klagenfurt am Wörthersee, hat sich schon seit ihrer Kindheit fürs Zeichnen interessiert. Bereits damals war sie völlig fasziniert von verschiedenen Zeichentrickfilmen wie von Disney, diversen Kinderbüchern und illustrierten Bibeln.
Von 2015 bis 2020 studierte sie an der Universität für Angewandte Kunst Wien, wo sie dann zwei Jahre neben dem Studium Teilzeit am BRG Gröhrmühlgasse in Wiener Neustadt lehrte.
Heute wohnt sie mit ihrer Familie wieder in Klagenfurt und seit 2020 unterrichtet sie am Ingeborg-Bachmann-Gymnasium die Fächer Technisches und Textiles Werken, Kunst und Gestaltung und Freikirchliche Religion.
An alle SchülerInnen möchte sie ausrichten: „Glaubt an euch! Ihr könnt alles erreichen, was ihr euch wünscht.”

Die **„echte" Amy** und ihre eingetippten „Wörter", die zum Schreiben dieses Buches geführt haben.

Folge Martin Stesl auf Instagram, um mehr über Amy und neue Projekte zu erfahren:

@STESLMARTIN_KINDERBUCHAUTOR

Amys Lerntipp:

Zu diesem Buch gibt es kostenlose Lern- und Unterrichtsmaterialien. Folge dem Link oder scanne den QR-Code:

https://tinyurl.com/pu8mcbv9